TRANSFORMACIÓN EMOCIONAL

Un viaje a través de la escritura terapéutica

Noelia Mendive Moreno

204

TRANSFORMACIÓN EMOCIONAL

Un viaje a través de la escritura terapéutica

Crecimiento personal
COLECCIÓN
Serendipity

Desclée De Brouwer

Henao, 6 - 48009 Bilbao
www.edesclee.com
info@edesclee.com
EditorialDesclee
@EdDesclee

Printed in Spain - Impreso en España
ISBN: 978-84-330-2899-0
Depósito Legal: BI-186-2017
Impresión: RGM, S.A. - Bilbao

ÍNDICE

1

EL COMIENZO

Soy de ese tipo de personas que no acaba de comprender las cosas hasta que las pone por escrito.

Haruki Murakami, *Tokio Blues*

Recuerdo haber escrito desde que era niña. En mi generación, la del 87, eran típicos los diarios como regalo para cumpleaños, comuniones, navidades... Las páginas blancas, a veces acompañadas por suaves líneas y figuritas en su esquina inferior, el olor a limpio, y mis ansias por rellenarlas, hacían que mis diarios nunca quedasen olvidados en un rincón. Algunas hojas únicamente contenían dibujos, otras fotografías, de cantantes, actores, otras, simplemente los chascarrillos de la clase. Cerraba cautelosamente el candado que por aquel entonces caracterizaba a todos los diarios para niñas y niños que se vendían en las librerías. Y la llave, tan perfectamente escondida. ¡Como si guardase secretos de estado!

Mi vocación como terapeuta también apareció a una edad temprana. Apenas recuerdo qué años tendría, tal vez cinco o seis. Todavía puedo oler aquella vieja caja de puros de madera, lisa, al mismo tiempo áspera, donde guardaba mis tarjetitas, perfectamente recortadas, y algún que otro bolígrafo. Ya por entonces, mi imaginación corría a una velocidad más grande de lo que mi capacidad racional podía comprender. Jugaba a hacer entrevistas a personas que me contaban sus asuntos, y yo, entonces, escribía sus demandas en los papelitos blancos, mientras ellos esperaban a que les llamase con alguna solución tras estudiar sus respuestas. Ahora lo entiendo, ya iba afinándose en mi interior mi gusto por las sesiones terapéuticas.

Durante mi adolescencia, nunca conseguí el resultado esperado, ya que ni siquiera sabía qué pretendía de mis noches en vela escribiendo. Frustración, porque un escritor no puede hacer algo ajeno a él, tal y como quería yo. La satisfacción más grande se logra cuando una parte de ti se encuentra sobre el papel, tu esencia, la que da vida a la historia.

Fue una tarde de estudio en la biblioteca cuando comprendí el verdadero significado de la escritura. Ya había terminado la carrera, tenía un trabajo, y preparaba mis exámenes del máster. Bajé a fumar un cigarro. No puedo olvidar la rabia y el asco que sentí tras la conversación que mantuve con un viejo conocido con el que me topé a la entrada. Ni tan siquiera soy capaz de comprender qué podía hacer el susodicho en un lugar tan alejado de su capacidad mental. Podrán imaginar por mis palabras que el tono de la conversación no fue muy agradable, al menos el mío. Recuerdo sus palabras, su altanería, su chulería, el anhelo en sus ojos de tenerme. Mientras conversábamos, mi cerebro fue capaz de producir una alucinación, que no estaba muy lejos de la realidad, sus babas cayendo por la barbilla. Fue una sensación realmente asquerosa. Y yo, que siempre me he considerado una persona educada y elegante, me despedí con mi sonrisa más hipócrita y subí de nuevo a la sala de estudio tras haberme fumado el cigarrillo más ansioso de mi vida. No sé cuánto tiempo permanecí con la cabeza y la mirada fijas sobre el cuaderno, pero pareció un suspiro. Puse sobre el papel todo aquello que nunca antes había sido capaz de decir, incluso de pensar. Y mi rabia se extendió a todos los seres como aquel, chupasangres, tóxicos, engreídos, y posteriormente abarcó a todas aquellas personas que se creen que tienen algún derecho sobre los demás, y poco a poco fui hilando temas que a simple vista podrían parecer del todo inconexos, pero que en el recorrido de mi vida, sin embargo, tenían todo el sentido del mundo.

Cuando terminé, todavía estaba alterada. Leí todo lo que había escrito. Se notaba que lo había hecho con fuerza, por el color de la tinta y la rectitud de las letras. Me pareció tan trivial la situación en ese momento, que no pude sino echarme a reír.

Y así es como conocí la función terapéutica de la escritura, conmigo misma.

Escribir, al igual que hablar, supone un desahogo emocional. ¡Ojo! Esto no quiere decir que hablar no sea necesario. Pero para algunas personas, es más fácil expresarse a través de la escritura. Una ventaja sobre ello, es que en la escritura no hay restricciones, no tenemos que pararnos a pensar antes sobre lo que vamos a escribir por miedo a que nos juzguen, o por vergüenza. Podemos tratar temas que son tabúes o de los que tenemos más reparo a la hora de hablar. En este sentido, uno de los aspectos más importantes es que sabemos que lo que escribimos no vamos a compartirlo con nadie, eso hace que lo que expresamos venga desde nuestro interior y no esté condicionado.

La escritura terapéutica puede hacerla cualquier persona. No se atiende a la gramática, a si queda bien o mal, a cómo suena. No. Todo fluye de forma natural.

La escritura terapéutica es muy eficaz para buscar soluciones a problemas y estrategias de cambio. Tras expresar el malestar o problemática concerniente, nuestra mente se libera del conflicto en sí, y deja espacio para poder pasar a la acción.

Pennebaker, profesor en el Departamento de Psicología en la Universidad de Austin, Texas, es pionero en el estudio del uso de la escritura expresiva como una ruta para la curación. Sus investigaciones han mostrado que la escritura enfocada a corto plazo puede tener un efecto beneficioso en todo el mundo, incluidas personas con enfermedades terminales o que han pasado por experiencias traumáticas. Dicho investigador afirma que cuando trasladamos una experiencia al lenguaje la estamos haciendo accesible esencialmente. Los individuos pueden ver mejoras en la llamada "memoria de trabajo", la cual es esencialmente nuestra habilidad para pensar más de una cosa a la vez. También mejora el sueño. Nuestras conexiones sociales pueden reforzarse porque al practicar la escritura terapéutica, se crea una mayor habilidad para enfocarse en alguien más aparte de uno mismo. La escritura permite a la gente detenerse por un momento y evaluar sus vidas. Si bien, el autor afirma que es necesario escribir con precaución. Por ello establezco algunas precauciones a tener en cuenta con la escritura terapéutica:

- No tomar alcohol o sustancias estupefacientes tras realizar los ejercicios.
- Si alguno de los ejercicios está dirigido a una persona en concreto, hemos de valorar cautelosamente si deseamos hacer tangibles los pensamientos y acciones desarrollados en la actividad hacia tal persona.
- No repetir los ejercicios sobre soluciones y toma de decisiones para las mismas situaciones una y otra vez, pues podríamos entrar en un bloqueo, saboteándonos a nosotros mismos, y los resultados podrían dejar de ser útiles.
- Al realizar despedidas por escrito, conviene romper el papel. De esta forma la despedida será más real.

- Se recomienda realizar cualquier actividad de escritura terapéutica en un ambiente tranquilo, silencioso y cómodo. Es importante disponer de tiempo suficiente y no estar pendiente del reloj.

Como he advertido en párrafos anteriores, la escritura terapéutica resulta muy beneficiosa. El mero hecho de realizar las actividades que se proponen en esta guía ya es de por sí terapéutico, pues supone una liberación y descarga emocional. En concreto se pretende conseguir lo siguiente:

- Tomar conciencia de uno mismo y conocerse mejor.
- Aumentar la autoestima.
- Aceptarse a uno mismo, quererse y permitirse ser tal cual.
- Identificar las emociones y la complejidad del mundo interior de cada uno, así como la comprensión de cómo nos afectan.
- Liberar tensiones.
- Desculpabilizar y eliminar creencias aprendidas.
- Identificar las necesidades propias y anteponerlas a las de los demás, contrariamente a lo que se hace habitualmente.
- Reflexionar sobre los condicionantes que generan malestar en la vida cotidiana.
- Abordar conflictos de forma saludable.
- Relativizar problemas y preocupaciones actuales.
- Mejorar las relaciones personales.
- Lograr una toma de decisiones adecuada.
- Cerrar círculos y elaborar pérdidas.
- Establecer metas concretas para lograr la felicidad.

El presente libro tiene su base en todos los conocimientos psicológicos que adquirí durante la carrera de Psicología y posteriormente en diversas formaciones, en los libros que he leído de forma autodidacta sobre escritura, y más concretamente, sobre escritura terapéutica, en la experiencia con mis pacientes durante las sesiones, en los talleres de escritura terapéutica que he impartido, y cómo no, en mi propia experiencia vivencial y en las situaciones adversas a las que me he enfrentado, las cuales son la causa de que decida crear esta guía para la superación de obstáculos y mejorar la calidad de vida de todo aquel que quiera.

Los ejercicios son originales, y los he ido configurando en base a las necesidades que han presentado los alumnos y alumnas durante los talleres, y también durante las sesiones terapéuticas.

La clasificación de los ejercicios la he organizado en base a diez áreas de interés esenciales para abarcar una buena parte de la complejidad del ser humano: autoconocimiento, autoestima, emociones, regulación fisiológica, creencias aprendidas y efectos psicológicos, reflexiones vitales, resolución de conflictos, despedidas y finales, cuestiones prácticas, y búsqueda de la felicidad.

2

CONÓCETE A TI MISMO

Solo se volverá clara tu visión cuando puedas mirar en tu propio corazón. Porque quien mira hacia afuera sueña, y quien mira hacia adentro despierta.

C. G. Jung

El primer bloque de ejercicios está destinado a reencontrarte contigo mismo/a, conociéndote, haciéndote preguntas, respondiendo a cuestiones sobre las que nunca antes has reflexionado.

Conocerte a ti mismo te permite:

- Ser más realista y objetivo.
- Aclarar tus ideas, metas y objetivos.
- Integrar tus cualidades y tus defectos.
- Descubrir aspectos de tu personalidad latentes.
- Actuar para mejorar cada día.

En concreto los ejercicios que pertenecen a este apartado te permitirán saber:

- Qué sientes sobre tu aspecto físico y cómo eres realmente.
- Qué aspectos de tu personalidad están confrontados y cómo integrarlos para vivir en armonía.
- Qué estilo de comunicación empleas en las relaciones interpersonales y si es necesario actuar para mejorarlo.
- En qué términos defines tu vida.
- Con qué agentes externos te identificas y por qué.
- Cuáles son tus fortalezas.
- Cómo vives la intimidad.
- El grado de satisfacción que tienes contigo mismo/a y con tu vida.

La hora de las preguntas reveladoras

La primera tarea que propongo para este recorrido que vas a realizar a través de tu mundo interno, consiste en una serie de preguntas, que a simple vista pueden resultar simples, pero que sin embargo, te revelarán aspectos de ti mismo de los cuales puede que no seas consciente. Los quehaceres cotidianos a menudo nos impiden reflexionar sobre uno mismo, por lo que este ejercicio será el primer paso para lograr un mayor autoconocimiento.

Te invito a que contestes las siguientes preguntas con la mayor sinceridad posible.

(Recuerda: nadie leerá tus respuestas, solamente tú serás conocedor de las mismas).

- *¿Cuál ha sido el momento más feliz de tu vida?*
- *¿Cuál ha sido tu mejor golpe de suerte?*
- *¿Qué te quita el sueño?*
- *¿A qué le temes?*
- *¿Cuál es la virtud que más valoras en los demás? ¿Tú la tienes?*
- *¿Qué no soportas en los otros? ¿Por qué?*
- *¿Cómo te gustaría ser recordado?*
- *¿Cuál es tu mayor obstáculo?*
- *¿A quién le pedirías perdón?*
- *¿Cuál es tu lema?*
- *¿Qué te da envidia?*
- *¿Qué te da pena?*
- *¿Cuál es tu ideal de felicidad?*
- *¿Qué te quita el miedo?*
- *¿De qué te arrepientes?*
- *¿Qué es lo más importante de tu vida?*
- *¿Cuál ha sido tu mayor logro?*
- *¿Qué te apasiona?*

- *¿A qué has vencido?*
- *¿Cuáles serían tus últimas palabras?*
- *¿Qué cosas jamás harías por dinero?*
- *¿Estarías dispuesto/a a matar para salvar la vida de un ser querido?*
- *¿Cómo preferirías morir?*
- *¿Con qué soñarías si pudieras controlar tus sueños?*
- *¿Qué te hace sentir orgulloso de ti mismo?*
- *¿Qué súper poder te gustaría tener?*
- *¿Cuál sería tu primer destino si tuvieras una máquina del tiempo?*
- *¿Por quién estarías dispuesto/a a dar la vida?*
- *¿A qué te dedicarías si no necesitaras dinero?*
- *¿Qué sería lo primero que harías si te ganaras la lotería?*
- *¿Qué te hace diferente a todos los demás?*
- *¿Qué te pone furioso?*
- *¿Qué te entristece?*
- *¿Qué es lo que más gracia te hace?*
- *Si pudieses ser invisible a voluntad ¿qué es lo primero que harías?*
- *¿Cómo de viejo/a te sentirías si no supieras la edad que tienes?*
- *¿Estás haciendo lo que quieres o te conformas con lo que estás haciendo?*
- *Si fueras un mago o una bruja ¿cuál sería el primer hechizo que harías?*
- *¿Qué ley establecerías en el mundo si tuvieses ese poder?*
- *Si supieras que el mundo se va a acabar mañana ¿qué harías?*
- *¿Qué harías si supieras que nadie te va a juzgar por ello?*
- *Si fueses inventor de objetos ¿qué te gustaría crear?*
- *¿Te valoras y te quieres a ti mismo?*

Un pintor especial

Se ha inaugurado una exposición de pinturas de un artista desconocido, pero que sin embargo ha despertado en ti un deseo enorme de ponerte en sus manos para que te retrate. La peculiaridad del joven pintor es que debido a una enfermedad, ha perdido la capacidad de ver, por lo que es necesario que le describas con total detalle y exactitud cómo eres. Sus obras son fascinantes y muy realistas.

Para que no olvides ningún detalle, te sugiero que te sientes frente a un espejo con un cuaderno sobre tus piernas. Puede que te resulte difícil comenzar, por lo que los primeros minutos puedes dedicarlos únicamente a contemplarte a través del espejo. Detente en cada parte de tu cuerpo, descubre la belleza que hay en ti. Cuando sientas que estás listo para realizar la descripción de tu cuerpo sobre el papel, empieza por describir tus rasgos más generales, la forma de tu cara, tu pelo, y poco a poco profundiza en los detalles, como el grosor de tus labios, las pequeñas arrugas que marcan tu rostro... Piensa que para que el pintor capte tu esencia, necesita conocer incluso la expresión de tus ojos. *¿Qué insinúa tu mirada?* Tómate el tiempo necesario para realizar tu propio retrato.

Sugerencia: realizar la descripción como si de un relato se tratara, y hacerlo en primera persona.

...el sol inunda la habitación y hace que mi cabello rubio se vea aún más plateado. Algunas canas comienzan a dejarse ver, sobre todo en la parte delantera del cabello. El remolino que tengo en la parte izquierda de la frente, hace que el flequillo sea indomable pero me hace parecer más joven de lo que en realidad soy...

Adelante.

Las etapas de tu vida

El siguiente ejercicio comienza con una tarea esencial en los talleres de autoconocimiento. Se trata de trazar una línea horizontal en una hoja. El inicio marcará la fecha de nacimiento. Y el punto final, el día de hoy. Se divide dicha línea en las etapas que caracterizan la vida de cada persona. Por lo general, las personas hablamos de etapas en nuestra vida en base a nuestras vivencias, por ejemplo, la etapa de la universidad, la etapa en la que viví en Madrid, la etapa de mi depresión, la etapa de mi primer amor…Algunos momentos incluso pueden solaparse. Seguro que en tu mente las tienes definidas desde siempre, por lo que lo único que tendrás que hacer será coger un folio y distinguirlas sobre la línea dibujada que constituye tu vida.

Cuando hayas terminado de dibujar la línea con sus correspondientes ciclos, te invito a que repases cada uno de ellos detenidamente y respondas a las siguientes preguntas para cada una de dichas etapas:

- *¿Qué es lo que recuerdas con más detalle?*
- *¿Recuerdas algún olor, sabor…?*
- *¿Qué sentías?*
- *¿Qué personas fueron o son importantes en dicho momento?*
- *¿Fuiste feliz?*
- *¿Cambiarías algo de esa etapa?*
- *¿Has tenido algún aprendizaje importante que te ha servido para afrontar la vida con una mayor fortaleza?*
- *¿Qué sientes ahora respecto a esa etapa?*

Comencemos…

Poema a mis yoes

Al meditar sobre este ejercicio, pensé en incluir en la explicación unas breves pinceladas sobre las teorías de la personalidad. Enseguida resultó ser algo bastante frío, en el sentido de que cada personalidad es un mundo y debemos ser flexibles y no atenernos únicamente a lo que nos cuente un modelo teórico. Nadie nos conoce mejor que nosotros mismos, y los diferentes rasgos de la personalidad que podemos extraer de las clasificaciones psicológicas, me resultan impersonales y como he dicho, fríos.

Por ello, me gustaría que fueses tú mismo/a quien elaborase una lista con aquellas características que definen tu modo de sentir, de actuar y de pensar.

Ejemplo

Lista de características que me definen:

- *Tranquilidad*
- *Paz*
- *El amor a la naturaleza*
- *La timidez*
- *La pasión por viajar*
- *El miedo*
- *El querer ser más fuerte para vencer las adversidades. (Sé que poco a poco puedo conseguir ser más valiente).*

Después viene la parte creativa de la tarea, donde será necesario que sueltes tu imaginación y escribas un poema dirigido a tus yoes, todas esas partes que te definen.

Yo, tranquilo, serenamente plantado ante la naturaleza.
Amo de todo o señor de todo, sereno en medio de las cosas irracionales.
Imbuido como ellas, pasivo, receptivo, y silencioso, también como ellas.

Conocedor de que mi ocupación, mi pobreza, mi notoriedad
y mis debilidades son menos importantes de lo que creía.
Hacia el mar mexicano, en el Manhattan o en el Tennessee, o lejos en el norte o tierra adentro.
Hombre de río u hombre de montes o de granjas de estos estados, ribereños del mar o de los lagos de Canadá.
Yo, dondequiera que viva mi vida, quiero hacer frente a las contingencias
y encarar la noche, las tormentas, el hambre, el ridículo, los accidentes
y los rechazos como lo hace el animal.

Walt Whitman

Adelante, ahora te toca a ti.

¿Cómo me comunico con los demás?

Muchas veces no somos conscientes de lo que transmitimos a los demás según nuestras reacciones. Cada uno de nosotros tenemos un estilo de comunicación predominante que utilizamos para con el resto de personas. Estos estilos son los siguientes:

- *Agresivo*. El emisor trata de imponer su opinión o voluntad sin tener en cuenta al otro, e incluso puede humillarle. Se sobrevaloran las opiniones propias y se menosprecian las de los demás. Ejemplos: mostrarse intolerante con las opiniones de los demás, insultar.
- *Pasivo*. No se implican, muestran conformidad con todo y actitud sumisa. Evitan la confrontación y llamar la atención. Ocultan sus sentimientos o pensamientos por temor a ser rechazados, incomprendidos u ofender a otras personas. Infravaloran sus propias opiniones y necesidades y dan un valor superior a las de los demás. Ejemplos: no saber decir no cuando te piden algo, ponerse nervioso al tener que dar la propia opinión.
- *Agresivo – Pasivo*. Es una agresión menos directa que en el estilo agresivo, ya que se teme que surja el conflicto. No se hacen valer los propios derechos pero tampoco se acepta a los otros. Ejemplo: responder con silencio cuando te preguntan *"¿Estás bien?"*, *"¿Te pasa algo?"*. El silencio no deja claro si hay enfado ni la razón del mismo, pero sí transmite malestar.
- *Asertivo*. Es el estilo idóneo. Las personas con alta autoestima y seguridad en ellas mismas, tratan de validar tanto las opiniones propias como las de los demás. Respeto a uno mismo y al resto al mismo tiempo. Ejemplos: tratar de entender la postura del otro sin tener que cambiar de opinión por ello, emplear un tono de voz respetuoso.

Mediante esta tarea se trata de que puedas ser conocedor de tu propio estilo de comunicación. Para ello, he preparado una serie de preguntas que invitan a realizar un análisis reflexivo sobre los aspectos que definen tu manera de comunicarte.

- *Ante un conflicto ¿cómo tiendes a actuar habitualmente?*
- *Describe la última vez que te encontraste en una situación desagradable y analiza cómo actuaste.*
- *¿Te cuesta decir no a los demás? Cuando lo haces ¿cómo lo expresas? Pon un ejemplo real.*
- *Cuando no estás de acuerdo con algo ¿cómo reaccionas? Piensa en alguna conversación reciente en la que no hayas estado de acuerdo con la otra persona. ¿Cómo te comportaste?*
- *¿Con qué estilo de comunicación te identificas más?*
- *¿Crees que podrías ser más asertivo? ¿Cómo podrías hacerlo?*
- *Inventa un conflicto y trata de dar respuesta al mismo desde los cuatro estilos de comunicación que hemos visto. ¿Qué respuesta se asemeja más a tu modo de comportarte?*

Es el momento de que conozcas cómo te comunicas con los demás.

Blanco, negro, o los dos

Las personas tendemos a utilizar el lenguaje para catalogar todo y a todos. Hacerlo es natural, sin embargo, etiquetamos a los demás y a nosotros mismos en términos extremos: bueno-malo, gracioso-aburrido, conformista-inconformista... Nos definimos de una manera determinada y rechazamos los opuestos a la misma. Por ejemplo, *"yo soy una persona inconformista, y odio a los conformistas"*. Actuamos en base a los rasgos que nos atribuimos, especialmente aquellos que consideramos inamovibles o muy propios, pero en situaciones límite, el lado opuesto puede salir a la luz.

Por ejemplo:

Yo soy una persona muy pacífica, odio los conflictos y siempre callo para que no se produzcan discusiones, cedo ante los demás, y nunca levanto la voz. Sin embargo, ayer, dos amigos comenzaron a discutir, estaban a punto de llegar a las manos cuando traté de separarlos y tranquilizarlos. En ese momento, uno de ellos, me dio un empujón y dijo que dejara de meterme en los asuntos de los demás, que yo nunca había tenido problemas de verdad y no sabía lo que era la vida real, "niña de papá", añadió. En ese instante una furia, hasta entonces desconocida, se apoderó de todo mi ser, y entonces grité, insulté y solté una rabia inmensa que ni siquiera sabía que tenía en mi interior. En ese momento me convertí en uno de ellos, tan grotesca, violenta...

Para vivir en armonía es necesario equilibrar todos los extremos de nuestra vida. Y para ello, el primer paso es reconocer los polos opuestos que habitan en nuestro interior.

Para llevar a cabo la tarea es necesario dividir un folio con una línea vertical. En la parte izquierda de la hoja se escribe una lista de adjetivos que definen todo lo que tú NO eres.

Cuando se ha terminado, se escribe en la parte derecha el adjetivo opuesto.

Ejemplo

Yo no soy .... ***Adjetivo opuesto a lo que no soy***

- *Impaciente* .... *Paciente*
- *Violenta* .... *Pacífica*
- *Extrovertida* .... *Introvertida o tímida*

Probablemente encontrarás en la parte derecha muchos rasgos que te definen.

A continuación se revisa la lista de adjetivos que describen todo aquello que tú NO eres. Trata de descubrir si alguno de estos adjetivos que definen lo que tú NO eres se relaciona o se ha relacionado contigo alguna vez de las siguientes maneras:

- ***Alguna vez has actuado de esa manera.*** Ejemplo: *hubo una vez que me puse violenta cuando...*
- ***En ocasiones has sentido deseos de ser así.*** Ejemplo: *algunas veces me gustaría ser como ellos, que no tienen miedo de enzarzarse en una pelea.*
- ***Rechazas a las personas que son de tal forma.*** Ejemplo: *odio a las personas violentas.*

Las dos últimas son más importantes, ya que si has sentido deseos de ser así, o rechazas a personas que se muestran de ese modo, es porque probablemente necesites equilibrar esos polos opuestos que hay en ti. No todo tiene que ser blanco o negro, no siempre tengo que actuar igual, soy libre y en consecuencia, actúo libremente.

Ahora es tu turno.

Transformación

En el presente ejercicio, tal y como indica el título, vas a sufrir una transformación simbólica.

Voy a dividir el ejercicio en tres partes, de manera que puedas llevarlo a cabo de manera completa y satisfactoria, ya que la transformación simbólica está dividida en varias etapas, debido a la extensión del ejercicio.

Así pues, recomiendo que en primer lugar, leas las instrucciones de la primera parte y procedas a desarrollar las tareas que se proponen. Una vez hayas terminado esta primera parte, puedes proceder a leer las instrucciones de la segunda parte y realizar las propuestas, y por último, lo mismo con la tercera parte.

Primera parte

Instrucciones:

(Recomiendo leer las tres instrucciones que se detallan en esta primera parte y después proceder a llevarlas a término sucesivamente, para de este modo, no perder la concentración que requiere el ejercicio).

- Cierra los ojos unos instantes y trata de centrarte en un animal, aquel que más te motive o te guste.
- Pasa a describirlo sobre el papel, a ser posible de manera minuciosa. Comienza por el aspecto físico, desde sus rasgos más característicos, hasta aquellos que son menos perceptibles. Después continúa con los aspectos que tienen que ver con su manera de actuar, de mostrarse al exterior y de comportarse. Y finaliza con su parte interna, sus sentimientos, emociones y pensamientos.
- Escoge un nombre para tu animal.

Segunda parte

Instrucciones:

(De igual modo que en la primera parte, sugiero leer primero todas las instrucciones de esta parte y después seguirlas).

- Repasa con los ojos cerrados los detalles escritos sobre tu animal (físicos, de carácter…). Visualízalo.
- A continuación has de crear una historia, en la que tu animal sea el protagonista. Para ello tienes absoluta libertad, no hay restricciones de ningún tipo. Comienza a escribir y las ideas irán fluyendo por sí solas.

Tercera parte

Ahora viene la tarea complicada: la reflexión. Sin embargo, para que sea más fácil llevarla a cabo, te dirijo mediante una serie de preguntas.

- *¿Por qué has escogido a tu animal?*
- *¿Te ves reflejado/a de alguna manera en él? ¿Cómo?*
- *¿Cómo te has sentido al describirlo con todo lujo de detalles?*
- *Al inventar el relato, ¿has sentido que el animal y tú formabais un único ser?*
- *¿Qué emociones ha desencadenado la historia en ti?*

Te invito a que leas la historia que tú mismo/a has escrito.

- *¿Tiene algún significado especial lo relatado por ti?*
- *¿Algún aspecto o experiencia de tu vida está reflejado en la historia? De ser así, ¿los acontecimientos del relato fluyen de igual manera que en tu vida?*

- *Si realmente fueses tal animal ¿cómo crees que actuarías en tu vida? ¿Habría alguna diferencia respecto al modo en que te comportas actualmente?*
- *¿Qué rasgo de tu animal te gustaría poseer? En la vida real ¿cómo podrías desarrollar ese rasgo? Te sugiero que especifiques esto último con varios ejemplos concretos.*

Ahora te animo a que comiences tu transformación simbólica.

Una historia peculiar

El significado de la tarea que presento a continuación, el lector lo entenderá al finalizar la misma. Por ello, antes que nada, recomiendo que NO leas las instrucciones de la segunda parte del ejercicio hasta que hayas finalizado la primera parte.

Primera parte

Se trata de crear una historia con principio, desarrollo y desenlace, en la que pueden aparecer los siguientes personajes (si bien, no es necesario que aparezcan todos):

- Una mujer de edad avanzada: Carmen
- Un hombre de edad media: Imanol
- Un adolescente: Marcos
- Una niña: Sara
- Una mujer joven: Elisabeth

Adelante, es el momento de escribir tu historia.

Segunda parte

Ahora sí.

Si ya has escrito la historia que has inventado, te invito a que contestes a las siguientes preguntas, como siempre, de manera escrita.

- *La historia que has inventado ¿te recuerda a una situación pasada que hayas vivido? ¿Cuál? ¿Se resolvió de la misma manera que en tu historia?*
- *¿Te sientes identificado/a con alguno de los personajes de tu relato? ¿Con quién? ¿En qué aspectos?*

- *¿Sientes rechazo hacia alguno de tus personajes? ¿A qué crees que se debe?*
- *¿Para qué crees que te ha servido realizar este ejercicio?*
- *¿Cómo te sientes tras reflexionar sobre las preguntas anteriores?*

Inteligencia sexual

Shere Conrad y Michael Milburn, psicólogos e investigadores de la Universidad de Massachussets acuñaron el término de inteligencia sexual tras hallar que un gran número de personas siente insatisfacción sexual. La inteligencia sexual es una capacidad que en rasgos generales implica tres aspectos:

- Conocimientos sobre el sexo y eliminación de mitos y creencias distorsionadas.
- Autoconocimiento en relación a la sexualidad.
- Comunicación con los demás respecto al sexo, en este caso con la pareja sexual.

Muchas personas no se paran a reflexionar sobre cómo viven la sexualidad, ya que desde siempre ha sido considerado un tema tabú. Conrad y Milburn afirman que para tener una vida sexual plena y satisfactoria es necesario trabajar la inteligencia sexual y en primera instancia, admitir y reconocer la realidad de la sexualidad de cada uno.

El presente ejercicio muestra una serie de preguntas a modo de reflexión que habrás de contestar con toda sinceridad. Estoy segura de que estas reflexiones te sorprenderán. Comprendo que puede resultar chocante, porque es un tema que no se acostumbra a tratar mediante la escritura terapéutica, pero te invito a despejar tu mente. Es un ejercicio individual, íntimo y ante todo propio y confidencial. Es tuyo, de nadie más. Así que no tengas miedo y responde con sinceridad.

- *¿Qué es para mí la sexualidad?*
- *¿Cómo ha sido la educación sexual que he recibido desde niño/a?*
- *¿Estoy satisfecho con cómo vivo mi sexualidad?*

- *¿Hay algún tema que me da miedo y me impide vivir el sexo plenamente? ¿A qué puede deberse? ¿Hay algún aspecto de mi personalidad que tiene que ver con ello? ¿Qué puedo hacer para cambiarlo?*
- *¿En qué situaciones me he sentido más satisfecho/a sexualmente? ¿Y menos?*
- *Respecto a la pregunta anterior, ¿la satisfacción o insatisfacción ha tenido que ver con la pareja sexual del momento o conmigo mismo/a?*
- *En el ámbito sexual ¿qué es lo que más me gusta?*
- *¿Me gustaría que cambiase algún aspecto en mi forma de vivir el sexo? ¿Cuál? ¿Qué puedo hacer yo para contribuir a dicho cambio?*

Mis fortalezas

Demasiadas personas se pasan más tiempo concentradas en sus debilidades que desarrollando sus puntos fuertes. Al concentrarse en lo que no tienen, olvidan los talentos que sí tienen.

Robin Sharma

Martin Seligman y Cristopher Peterson, psicólogos e investigadores pioneros en el ámbito de la Psicología Positiva, han centrado sus estudios es el descubrimiento de una serie de fortalezas o rasgos de la personalidad que conforman el buen carácter de una persona. Las definen como "estilos moralmente valorables de pensar, sentir y actuar, que contribuyen a una vida en plenitud".

En definitiva, las fortalezas personales serían aquellos comportamientos, formas de actuar, de pensar, que no hacen sino hacernos mejores personas, contribuir a nuestro estado interior de bienestar y al mismo tiempo beneficiar a los demás. Esto último resulta importante a tener en cuenta para distinguir las fortalezas de otros rasgos de personalidad que nos permiten que nosotros por ejemplo, salgamos airosos de una situación incómoda, pero al mismo tiempo perjudicando a terceros que se encuentran en la misma situación. Para que ese rasgo se considerase una fortaleza, más bien, debería permitir que tanto nosotros mismos, como terceras personas involucradas en dicha situación, pudiésemos salir airosos, de forma beneficiosa para todos.

Este ejercicio consiste en enumerar una serie de fortalezas de las que disponemos. Esas características o cualidades que te definen en tu día a día, y te permiten ser mejor persona y enfrentar las complicaciones y cuestiones desafiantes que te vas encontrando en el camino. Una vez enumeradas trata de describirlas con algún ejemplo concreto.

Ejemplo

Mis fortalezas:

- *Soy comprensiva con los demás. Ejemplo: cuando alguien cercano a mí esta malhumorado trato de entender que es por un motivo y comprendo que puede ser porque tenga un mal día.*
- *Soy solidaria. Ejemplo: a veces voy caminando por la calle y encuentro personas mendigando, por lo que a veces trato de darles algo de dinero, aunque sea poco, y aunque no siempre pueda hacerlo.*
- *Soy creativa y tengo mucha imaginación. Ejemplo: algunos domingos me encuentro con que la nevera está bastante vacía pero le echo imaginación y preparo alguna receta inventada, y finalmente queda rica.*
- *Soy perseverante, cuando quiero algo lucho hasta conseguirlo. Ejemplo: fue bastante duro para mí estudiar mientras trabajaba, pero sabía que quería tener unos conocimientos que me permitiesen tener un trabajo mejor, así que no me rendí y terminé de estudiar.*
- *Soy amable. Ejemplo: todos los días soy muy amable con mis clientes, aunque tenga un mal día o algún problema, intento ser simpática y agradable con ellos.*

A continuación, te animo a que hagas lo mismo que en el ejemplo con aquellas fortalezas o puntos fuertes que te caractericen.

Ahora que ya has enumerado tus fortalezas y las has explicado con ejemplos, puedes tratar de designar cada fortaleza a la clasificación hecha por Seligman y Peterson, que se expone más abajo.

Ejemplo

Las fortalezas que considero que me definen y que he enumerado anteriormente son: la comprensión, la solidaridad, la creatividad, la perseverancia y la amabilidad.

Siguiendo la clasificación que se encuentra bajo este ejemplo, voy a designar cada una de mis fortalezas a los tipos de fortalezas que establecen Seligman y Peterson:

- *La comprensión. Esta capacidad considero que está en consonancia con el bloque de Sabiduría y Conocimiento, más concretamente con la fortaleza denominada "perspectiva".*
- *La solidaridad. Esta capacidad la incluyo en el bloque de Humanidad, y la asocio específicamente a la fortaleza "amor".*
- *La creatividad. Esta capacidad está incluida con el mismo nombre en el bloque de Sabiduría y Conocimiento.*
- *La perseverancia. Esta capacidad se encuentra en el bloque de Coraje, con el nombre de "persistencia", cuyo significado es sinónimo de perseverancia.*
- *La amabilidad. Esta capacidad se encuentra ubicada con el mismo nombre en el bloque de Humanidad.*

Fortalezas (Seligman y Peterson)

I. Sabiduría y conocimiento: Fortalezas cognitivas que implican la adquisición y el uso del conocimiento.

1. **Creatividad** [originalidad, ingenio]: Pensar en nuevos y productivos caminos y formas de hacer las cosas. Incluye la creación artística pero no se limita exclusivamente a ella.
2. **Curiosidad** [interés, amante de la novedad, abierto a nuevas experiencias]: Tener interés por lo que sucede en el mundo, encontrar temas fascinantes, explorar y descubrir nuevas cosas.
3. **Apertura de mente** [juicio, pensamiento crítico]: Pensar sobre las cosas y examinar todos sus significados y matices. No sacar conclusiones al azar, sino tras evaluar cada posibilidad. Estar dispuesto a cambiar las propias ideas en base a la evidencia.

4. **Deseo de aprender** [amor por el conocimiento]: Llegar a dominar nuevas materias y conocimientos, tendencia continua a adquirir nuevos aprendizajes.
5. **Perspectiva** [sabiduría]: Ser capaz de dar consejos sabios y adecuados a los demás, encontrando caminos no solo para comprender el mundo sino para ayudar a comprenderlo a los demás.

II. Coraje: Fortalezas emocionales que implican la consecución de metas ante situaciones de dificultad, externa o interna.

6. **Valentía** [valor]: No dejarse intimidar ante la amenaza, el cambio, la dificultad o el dolor. Ser capaz de defender una postura que uno cree correcta aunque exista una fuerte oposición por parte de los demás, actuar según las propias convicciones aunque eso suponga ser criticado. Incluye la fuerza física pero no se limita a eso.
7. **Persistencia** [perseverancia, laboriosidad]: Terminar lo que uno empieza. Persistir en una actividad aunque existan obstáculos. Obtener satisfacción por las tareas emprendidas y que consiguen finalizarse con éxito.
8. **Integridad** [autenticidad, honestidad]: Ir siempre con la verdad por delante, no ser pretencioso y asumir la responsabilidad de los propios sentimientos y acciones emprendidas.
9. **Vitalidad** [pasión, entusiasmo, vigor, energía]: Afrontar la vida con entusiasmo y energía. Hacer las cosas con convicción y dando todo de uno mismo. Vivir la vida como una apasionante aventura, sintiéndose vivo y activo.

III. Humanidad: Fortalezas interpersonales que implican cuidar y ofrecer amistad y cariño a los demás.

10. **Amor** [capacidad de amar y ser amado]: Tener importantes y valiosas relaciones con otras personas, en particular con

aquellas en las que el afecto y el cuidado son mutuos. Sentirse cercano y apegado a otras personas.

11. **Amabilidad** [generosidad, apoyo, cuidado, compasión, amor altruista, bondad]: Hacer favores y buenas acciones para los demás, ayudar y cuidar a otras personas.
12. **Inteligencia social** [inteligencia emocional, inteligencia personal]: Ser consciente de las emociones y sentimientos tanto de uno mismo como de los demás, saber cómo comportarse en las diferentes situaciones sociales, saber qué cosas son importantes para otras personas, tener empatía.

IV. Justicia: Fortalezas cívicas que conllevan una vida en comunidad saludable.

13. **Ciudadanía** [responsabilidad social, lealtad, trabajo en equipo]: Trabajar bien dentro de un equipo o grupo de personas, ser fiel al grupo y sentirse parte de él.
14. **Justicia** [equidad]: Tratar a todas las personas como iguales en consonancia con las nociones de equidad y justicia. No dejar que los sentimientos personales influyan en decisiones sobre los otros, dando a todo el mundo las mismas oportunidades. .
15. **Liderazgo:** Animar al grupo del que uno es miembro para hacer cosas, así como reforzar las relaciones entre las personas de dicho grupo. Organizar actividades grupales y llevarlas a buen término.

V. Moderación: Fortalezas que nos protegen contra los excesos.

16. **Perdón y compasión** [Capacidad de perdonar, misericordia]: Capacidad de perdonar a aquellas personas que han actuado mal, dándoles una segunda oportunidad, no siendo vengativo ni rencoroso.

17. **Humildad/Modestia:** Dejar que sean los demás los que hablen de uno mismo, no buscar ser el centro de atención y no creerse más especial que los demás.
18. **Prudencia** [discreción, cautela]: Ser cauteloso a la hora de tomar decisiones, no asumiendo riesgos innecesarios ni diciendo o haciendo nada de lo que después uno se pueda arrepentir.
19. **Autorregulación** [autocontrol]: Tener capacidad para regular los propios sentimientos y acciones. Tener disciplina y control sobre los impulsos y emociones.

VI. Trascendencia: Fortalezas que forjan conexiones con la inmensidad del universo y proveen de significado la vida.

20. **Aprecio de la belleza y la excelencia** [asombro, admiración, fascinación]: Saber apreciar la belleza de las cosas, del día a día, o interesarse por aspectos de la vida como la naturaleza, el arte, la ciencia...
21. **Gratitud:** Ser consciente y agradecer las cosas buenas que a uno le pasan. Saber dar las gracias.
22. **Esperanza** [optimismo, visión de futuro, orientación al futuro]: Esperar lo mejor para el futuro y trabajar para conseguirlo. Creer que un buen futuro es algo que está en nuestras manos conseguir.
23. **Sentido del humor** [diversión]: Gusto por la risa y las bromas, hacer sonreír a otras personas, ver el lado positivo de la vida.
24. **Espiritualidad** [religiosidad, fe, propósito]: Pensar que existe un propósito o un significado universal en las cosas que ocurren en el mundo y en la propia existencia. Creer que existe algo superior que da forma o determina nuestra conducta y nos protege.

Ahora ha llegado tu turno.

3

DESCUBRE LO BUENO QUE HAY EN TI

Las personas que piensan que no son capaces de hacer algo, no lo harán nunca, aunque tengan las aptitudes.

Indira Gandhi

Ser consciente de los regalos de la vida, de nuestras virtudes, de los acontecimientos positivos que nos suceden, por pocos que sean, así como la seguridad en nuestras propias capacidades para conseguir los objetivos que nos proponemos, nos pueden ayudar a sentirnos mejor y a enfrentar con coraje las dificultades que se nos presentan a lo largo del camino.

Los devenires de la vida, las épocas delicadas, las complicaciones cotidianas, e incluso, la actitud de los demás pueden afectar negativamente a nuestra autoestima.

Los ejercicios que propongo en este capítulo están orientados a:

- Aprender a valorarte.
- Quererte un poco más.
- Aceptar lo positivo que hay en ti y sentirte orgulloso/a de ello.
- Desbloquear el autosabotaje de tu mente para ser feliz.

En concreto se trata de:

- Rememorar las etapas más felices de tu vida.
- Valorar las afirmaciones positivas que los demás hacen de tu conducta o forma de ser.
- Recordar todo lo que has conseguido a lo largo del camino, a pesar de las dificultades.
- Permitirte pequeños momentos de placer, tal y como te mereces.

La línea de la vida positiva

Existe un ejercicio que se denomina *"La línea de la vida"*. Me he topado con él en distintas ocasiones. Se trata de realizar una línea horizontal en un folio e ir señalando todos los acontecimientos vitales de importancia, ocurridos hasta el momento. Se puede completar señalando de cara al futuro aquello que nos gustaría hacer. Sin embargo, aquí vamos a realizar una variante del mismo que me resulta muy bonita. Yo la he llamado *"La línea positiva de la vida"*.

Se trata de realizar igualmente una línea horizontal en un folio. A su inicio sitúa la fecha de tu nacimiento. Y a su final la fecha presente. El futuro está por descubrir y como el objetivo de este ejercicio no es plantearse objetivos, valga la redundancia, no se va a trabajar esa parte. Señala a lo largo de la línea únicamente todas aquellas experiencias positivas que te han sido regaladas desde el momento en que naciste hasta el día de hoy. Incluye todo aquello que te haya hecho feliz.

Prometo que te sorprenderás. La vida no solo está compuesta de momentos dolorosos y dificultades. La vida está llena de experiencias preciosas, de las que a menudo nos olvidamos. Te invito a recordarlas y a revivir esos momentos mágicos que te han acompañado en tu viaje vital.

Empecemos…

Mis logros

Muchas veces, cuando estamos deprimidos, o pasando por una mala época, nos decimos a nosotros mismos *"a mi edad y todavía estoy así", "no he hecho nunca nada con mi vida", "¿qué he conseguido a mis (...) años?"*. Y nos martirizamos pensando que no hemos conseguido nada de lo que teníamos en mente. Quizás sea cierto que no hemos logrado aquel objetivo que nos planteamos hace años, o no llevamos a cabo el proyecto que comenzamos, o mil cosas diferentes. Pero también es cierto, que con el paso del tiempo nuestras prioridades y nuestros objetivos van cambiando. Y aunque no consiguiésemos ese ascenso en nuestro trabajo o darles a nuestros hijos esos caprichos que tanto deseaban, hemos logrado otras muchas cosas que también son importantes. Y de hecho, las solemos infravalorar. Todos los días conseguimos logros y nos superamos a nosotros mismos, solo que no somos conscientes. Por eso te propongo algo. Enumera una lista de logros conseguidos, bien fuesen objetivos establecidos previamente, o no.

A modo de ejemplo:

- *Leerme un libro entero.*
- *Que mis hijos sean honestos, humildes y buenas personas.*
- *Trabajar en algo que no me desagrada.*
- *No comer chocolate tras la cena.*
- *Aprender a escuchar.*
- *Ser más constante.*
- *No gritar a mi esposo cuando vengo enfadada del trabajo.*
- *Dejar de fumar.*
- *Conseguir que mi familia, aunque no sea perfecta, se apoye en todo.*

Ahora te toca a ti.

Halagos

En una bandada de blancas palomas, un cuervo negro añade más belleza incluso que el candor de un cisne.

Giovanni Boccaccio

Prestamos una atención desmesurada a las críticas que nos realizan los demás. Esto mina la autoestima de cualquiera si se le presta demasiada atención. Tendemos a pensar una y otra vez en lo que hacemos mal y en los comentarios negativos que recibimos, martirizándonos por lo que piensa el resto de nosotros. Y ¿qué hay de los halagos, los piropos, las alabanzas y los ánimos que nos ofrecen los demás? Parece que los ignoramos ya que tendemos a olvidarlos con el paso del tiempo, y volvemos a centrarnos en la negatividad. Es decir, actuamos de forma contraria a como deberíamos, atendemos a las críticas y desatendemos los halagos.

En este ejercicio vamos a dar la vuelta al asunto.

Desearía que fueses consciente de todo lo bueno que transmites a los que te rodean y cómo ellos te agradecen tu forma de ser, tu belleza, tu actitud y todas esas cualidades que posees.

Para ello, puedes reflexionar en orden cronológico, comenzando por tu infancia hasta llegar al momento actual y escribir todos los halagos que hayas recibido. No importa de dónde provengan, ni de quién, sino hacia quién estaban destinados, hacia ti. Se consideran halagos tanto aquellos mensajes positivos realizados directamente a ti, como aquellos referidos a ti pero transmitidos a otra persona (por ejemplo, algo que los profesores comentaban a tu madre sobre tu actitud).

Ejemplos

- *Durante mi infancia siempre le decían a mi madre que era muy responsable para mi edad, pues mientras otros niños y niñas de mi edad jugaban, yo cuidaba de mis hermanos.*

- *La mayoría de la gente cuando me conoce dice que tengo una voz muy dulce.*
- *Una vez, un compañero de clase me dijo que tenía algo mágico en mis ojos, que no sabía lo que era, pero que desprendía una magia que nunca antes había visto.*
- *Un verano que trabajé como dependienta en una tienda de moda, una mujer dijo que nunca nadie antes le había atendido tan bien como yo, y decidió comprar alguna ropa de más que no necesitaba para que mi comisión fuese mayor.*
- *Paseando por la playa cuando estaba de vacaciones, una niña me dijo que de mayor le gustaría tener un cabello tan bonito como el mío.*

¿Cuáles son los halagos que con más cariño recuerdas? Trata de recordar el mayor número de ellos.

Un regalo

Te invito a que pongas en marcha toda tu capacidad creativa y emotiva para escribir una poesía. No tengas en cuenta el lenguaje, ni la métrica. Solo has de concentrarte en la persona más importante de tu vida: tú. Hazte un regalo. Dedícate unas bellas palabras en forma de poesía.

Libertad

Eres paloma blanca,
eres paloma gris,
eres ceniza invisible,
no cortes tu vuelo, paloma, y vuela libre,
serás para los demás
paloma negra, paloma inútil,
para tus palomos, paloma gris,
pero cuando vueles libre, paloma,
siempre serás paloma blanca para ti.

Manolillo Chinato

Ahora te toca a ti.

4

EMOCIONES COMPLEJAS

Nunca podemos juzgar la vida de los demás, porque cada uno sabe de su propio dolor y de su propia renuncia.

Paulo Coelho

Las emociones, su regulación y su expresión son algo que se trabajan en todos los ejercicios presentados en este libro. No son algo que podamos decidir si incluir o eliminar de las actividades, porque están inevitablemente ligadas a nuestro yo, al más profundo y al más superficial.

Todos los ejercicios tienen de base el trabajo de emociones y sentimientos por lo que únicamente incluyo tres ejercicios en este apartado. El capítulo lo he denominado "emociones complejas" por dos motivos que expongo a continuación. Por un lado, el ejercicio titulado "Aquello que nunca te he dicho" es una actividad de conexión emocional con una persona significativa de nuestra vida, y lo considero complejo por la variedad de emociones y sentimientos que puede despertar en la persona que lo lleve a cabo. Por otro lado, en los dos ejercicios restantes, las emociones que se van a desarrollar son la culpa y la vergüenza, consideradas de por sí, emociones de carácter complejo. Creo que ambas emociones merecen un espacio único, dada su capacidad para provocarnos sufrimiento.

Lo que se pretende a través de estas tareas es:

- Lograr una descarga emocional.
- Disminuir el peso que las emociones dolorosas acarrean sobre ti.

Lo conseguirás mediante:

- La expresión de emociones en una situación determinante.
- El perdón a ti mismo.
- La creación de conductas correctoras de cara al futuro para situaciones similares.
- El sentido del humor.

Aquello que nunca te he dicho

Aunque es cierto que hoy en día la cosa está cambiando, procedemos de una cultura en la que no está bien vista la expresión de emociones y sentimientos. Frases típicas como las siguientes me vienen a la mente: *"no llores"*, *"qué dirán si te ven así"*, *"tengo que disimular esta tristeza"*. Estos son solo algunos de los ejemplos. Generaciones atrás, las relaciones interpersonales también se caracterizaban por esa frialdad y serenidad que podemos observar en algunas películas o series de televisión de época. Pero no hace falta remontarse tan atrás. Hace treinta, cuarenta, cincuenta años, era inimaginable que un matrimonio mostrase afecto mutuo en público. Abuelos y abuelas, incluso padres y madres jamás oyeron un "te quiero" por parte de sus progenitores. Esto va cambiando poco a poco, pero todavía nos queda mucho trabajo por hacer.

En ocasiones, sentimos vergüenza para expresar nuestros sentimientos hacia otros. Miedo a que una palabra bella salga de nuestros labios, miedo a que se rían de nosotros, miedo a que nos llamen "cursis".

Seguro que puedes recordar a esa persona que ya no está aquí contigo y a la que te hubiese gustado decirle más de una cosa. Vivimos comportándonos de una determinada manera, aprendida, impuesta en muchos casos, y cuando llega el final, nos arrepentimos de aquello que no dijimos, aquello que no hicimos.

El siguiente ejercicio te ayudará a expresar sobre el papel aquello que nunca has sido capaz de decirle a esa persona tan especial para ti.

La situación en la que te encuentras es la siguiente:

Dos miembros de la Agencia de Inteligencia del país se han puesto en contacto contigo. Dada la situación escabrosa que está viviendo actualmente el país, están reclutando a varias personas para una importante misión. Una misión que durará de por vida. Solo tú y unos pocos elegidos más tenéis las cualidades necesarias para salvar el país de la miseria, la hambruna y la guerra. No te han dado elección. No puedes escapar, huir. Y por supuesto no puedes continuar con tu vida, al menos no tal y como la conoces hasta el momento. Tienes una pequeña oportunidad para despedirte de tus seres queridos. No puedes mencionar absolutamente nada de tu nueva vida. Es una despedida. Para siempre. Y solo te permiten escribir una carta a la persona que tú elijas.

Te animo a que escribas tu carta.

Liberación

La culpa no está en el sentimiento, sino en el consentimiento.

San Bernardo de Claraval

La culpa surge cuando se produce una valoración negativa de nosotros mismos respecto a un sentimiento, pensamiento o conducta, en base a criterios que constituyen lo que se considera que está bien y lo que está mal. Cuando experimentamos culpa, también experimentamos dolor. Sin embargo la culpa posee una función positiva, ya que conlleva una conducta correctora para reparar la acción negativa y corregir el comportamiento de cara al futuro.

Si recuerdas alguna vez en la que te hayas sentido culpable por algo que hiciste, es probable que pusieses en marcha mecanismos destinados a "arreglar" la situación, y seguramente, si se ha vuelto a presentar una ocasión similar posteriormente, habrás actuado de manera diferente a la anterior. La culpa sirve para esto.

Sin embargo, el sentimiento de culpabilidad nos destruye por dentro, puede llegar incluso a deprimirnos y a quitarnos las ganas de vivir si convivimos con él sin hacer nada por mejorar la situación.

En cada momento determinado de nuestra vida, actuamos como mejor nos parece en cada situación. A veces, por más que nos empeñemos, no es posible prever si las consecuencias de nuestras acciones serán positivas o negativas. La experiencia nos nutre con sabiduría y los errores están para aprender.

A menudo, es difícil complacer a todo el mundo, y esto nos lleva a tener que tomar decisiones, de las que posteriormente podemos sentirnos culpables.

Quisiera, que mediante este ejercicio, se comprenda que los fallos realizados tienen una función, la de aprender, y que si actuamos de un modo o de otro, es porque dadas las circunstancias, no sabemos cómo hacerlo mejor. Por ello, te invito a que pienses en los motivos estáticos (los que en su momento no se podían cambiar de ningún modo) que te llevaron a actuar de aquella forma en esa situación, que todavía, a día de hoy te hace sentir culpable.

Ejemplo

Me siento culpable por no haber pasado más tiempo con mi abuelo antes de que muriese.

Voy a exponer, ahora, los motivos estáticos que me obligaron a no pasar más tiempo con él:

- *Por aquella época era una adolescente y se ha demostrado a través de numerosos estudios que la adolescencia es una etapa en la que lo más importante para los jóvenes son sus amigos, y la familia pasa a un segundo plano.*
- *No era tan madura a nivel emocional como lo soy ahora.*
- *No me había topado nunca antes con la muerte hasta la suya, por lo que no era consciente de lo que se puede sentir cuando fallece un ser querido.*
- *Cuando estaba en el hospital, mis padres apenas me permitían ir a verle. Preferían que no faltase a la escuela ningún día.*

Como ves, estos son los motivos reales por los que la joven del ejemplo no pasó más tiempo con su abuelo antes de morir. Realmente, en aquella época, poco más podría haber hecho. Y seguramente, si las circunstancias hubiesen sido diferentes, ella habría pasado más tiempo con él.

Esto ocurre siempre. Por ello, te animo a que te sitúes de nuevo ante esa experiencia que te lleva a sentir culpa actualmente y que descubras los motivos estáticos que te llevaron a comportarte de esa manera.

Una vez hayas descrito dichos motivos, relata qué harías hoy día si la vida te diese la oportunidad de actuar de otro modo.

Cuando finalices ambas partes del ejercicio, te propongo que reflexiones acerca del ejercicio realizado, no hace falta que escribas en este caso. Verás que en aquel momento es imposible que hubieses reaccionado de igual modo a cómo lo harías ahora, pues el paso del tiempo y las vivencias son las que nos cambian.

Es momento de escribir.

Tierra, trágame

Casi siempre la burla arguye pobreza de espíritu.

Jean de la Bruyere

¿Recuerdas alguna situación en la que te sentiste vulnerable y deseaste que la tierra te tragase? ¿Recuerdas el bochorno del momento? ¿Tus mejillas tornándose rojizas? ¿Y lo que sentiste dentro de ti?

Todos en mayor o menor medida hemos sufrido la denominada "vergüenza". Es cierto que hay personas que por sus rasgos personales tienden a sentir vergüenza de forma frecuente, el simple hecho de hablar ante un grupo de desconocidos les causa esta sensación. La vergüenza surge cuando los demás no aprueban una conducta nuestra, ya sea de manera real o imaginada (en nuestra imaginación). El simple hecho de pensar que alguien va a juzgarnos, puede desencadenar la vergüenza. La vergüenza se manifiesta cuando no se alcanzan los estándares ideales de conducta en la sociedad y lo que deseamos en el momento es escapar.

Con ayuda del paso del tiempo y del sentido del humor podemos relativizar las situaciones embarazosas. Sin embargo, la solución más efectiva radica en ser conscientes de cuándo actuamos en base a las creencias de los demás y cuándo en base a las nuestras. El temor a hacer el ridículo nos impide llevar a cabo conductas que quizás podrían resultar beneficiosas para nosotros mismos. Por ejemplo, *"me encuentro con amigos en un karaoke, me encantaría cantar porque en casa lo hago continuamente, sin embargo, tengo miedo de hacerlo mal y que se rían de mí"*. Lo importante es que tú quieres cantar porque te gusta hacerlo y te resulta placentero, y esto es lo que cuenta.

A veces también nos martirizamos con eventos del pasado. Aquella vez que me caí, cuando me manché la camisa, cuando me quedé en blanco en la exposición delante de aquella gente…

Vamos a aprender a relativizar las situaciones pasadas embarazosas a través del siguiente ejercicio.

En primer lugar enumera una lista con todas aquellas situaciones embarazosas que recuerdes en las que tú seas el/la protagonista. Ejemplo: *"Me quedé en blanco cuando tuve que dar mi primera conferencia"*.

Ahora reescríbelas, pero esta vez hazlo en tercera persona. Por ejemplo: *"Ella se quedó en blanco al principio de la conferencia"*.

Lee de nuevo cada sentencia y cuando lo hagas, trata de visualizar cada situación como si le hubiese ocurrido a otra persona. Al lado de cada una de ellas, escribe qué pensarías de esa persona en el momento de dicha situación. Por ejemplo, en relación a la frase anterior, yo hubiese pensado: *"Es normal que se haya quedado en blanco, tenía demasiada presión, a mí también me pasaría"*.

Aunque no lo creamos, en la mayoría de situaciones en las que sentimos vergüenza, el resto de personas están de nuestro lado, empatizan con nosotros y comprenden que ciertas cosas ocurran, porque al fin y al cabo, todos somos humanos.

Adelante, ahora te toca a ti.

5

REGULACIÓN FISIOLÓGICA

La tensión es quien crees que deberías ser. La relajación es quien eres.

Proverbio Chino

A veces echamos de menos pautas concretas para disminuir nuestros niveles de ansiedad, aumentar nuestra concentración o liberarnos de emociones negativas. Cuando la emoción negativa supera el umbral de aceptación, es decir, se hace insoportable, nuestro cuerpo comienza a experimentar sensaciones desagradables: sudores, temblores, aumento de la frecuencia cardíaca... Por ello, a través de la toma de conciencia y de la atención plena, propongo cinco tareas mediante las cuales puedes:

- Disminuir tus niveles de ansiedad.
- Aumentar tu concentración.
- Expresar tu rabia.
- Ser consciente de las creencias irracionales que aumentan tu miedo, y en consecuencia, minimizarlo.

Atención plena

La actividad que propongo es una variante de un ejercicio que realicé durante un taller de *Mindfullness*. Se trata de un ejercicio cuyo objetivo es favorecer la concentración y la atención plena para ayudarnos a desconectar en momentos estresantes.

En un folio y con la mano como tamaño de referencia escribe la inicial de tu nombre. La única indicación a seguir es: No se puede tardar menos en cinco minutos en escribirla.

Como sugerencia, recomiendo utilizar una alarma para no estar pendiente de mirar el reloj.

Comencemos.

Ejercicio para la concentración

Coge un bolígrafo, un papel en blanco y con tu mano NO dominante escribe los números del 1 al 100.

Te sugiero que la postura para realizar esta actividad sea cómoda, tengas la espalda recta y dispongas de un lugar confortable, tal como una mesa, para que puedas escribir tranquilo/a, ya que utilizar la mano no dominante puede resultarte incómodo al principio.

Escribe…

Para momentos de rabia

Cuando sientas que te invade la ira, tras una discusión, un enfrentamiento, siéntate, toma bolígrafo y papel y descarga tu rabia sobre el mismo. Escribe lo que te venga a la mente. No hay restricciones. Es un medio para exteriorizar nuestra ira, ya que reprimirla resulta perjudicial para nuestra propia salud, sin embargo de este modo, evitamos dañar a otros y decir algo que después traiga consecuencias negativas para uno mismo.

Verás que al soltarlo todo, el enojo se ha reducido considerablemente.

Adelante.

Ejercicio para reducir la ansiedad

Se trata de una actividad que desarrollé tras leer las investigaciones de Davanloo, quien en sus sesiones de terapia, cuando percibía que los síntomas propios de la ansiedad salían a la luz en sus pacientes debido a la carga emocional de los asuntos tratados, les pedía que describiesen cómo se sentían en ese momento. Por paradójico que resulte, el mero hecho de centrarse en detallar cómo se siente uno, hace que el malestar disminuya de forma considerable.

He decidido adaptar tal técnica a la escritura terapéutica, de tal modo que el fin es el mismo. Así pues, el ejercicio que propongo resulta útil para aquellos momentos en los que la ansiedad nos acecha. Se puede llevar a cabo tantas veces como uno desee, siempre que notemos cómo los síntomas ansiógenos se apoderan de nosotros.

Cada vez que te encuentres en dicha situación, coge papel y bolígrafo, y siéntate. Escribe sobre los siguientes aspectos:

- Síntomas fisiológicos (se refiere a todos los síntomas que se manifiestan de manera física en el cuerpo como, por ejemplo, temblores, sudoración excesiva).
- Síntomas psicológicos (qué sientes en tu interior, por ejemplo, miedo, sensación de despersonalización).

Ejemplo

Estoy mareado. Parece que la habitación me da vueltas. Y me falta el aire. El pecho no me duele pero siento que algo presiona desde dentro… Parece como si no estuviera en el mundo real, parece una película, o como si hubiese tomado drogas, es una sensación irreal y a la vez angustiosa…

Ahora a cada uno de los síntomas que has escrito, vas a darle una puntuación en función de la presencia cuantitativa que tienen en ti en ese momento, utilizando para ello una escala del 1 al 10, donde el 1 significaría sentir de manera *"muy leve, casi imperceptible"*, y el 10, *"tener el síntoma en su máximo esplendor"*.

Continuamos con el ejemplo anterior expuesto.

Estoy mareado. Parece que la habitación me da vueltas. Y me falta el aire. El pecho no me duele pero siento que algo presiona desde dentro... Parece como si no estuviera en el mundo real, parece una película, o como si hubiese tomado drogas, es una sensación irreal y a la vez angustiosa...

(He subrayado las palabras que denotan síntomas).

Ahora, asignaré una puntuación a cada síntoma.

- *Mareado. Puntuación 8.*
- *Falta de aire. Puntuación 5*
- *Presión en el pecho. Puntuación 6.*
- *Sensación irreal. Puntuación 10.*
- *Angustia. Puntuación 9.*

Ahora, describe cómo te sientes tras haber llevado a cabo las anteriores instrucciones.

Adelante.

¿Qué es lo peor que podría pasar?

El miedo es una emoción que, aunque molesta y angustiosa, resulta muy útil para la supervivencia. De no existir el miedo, actualmente no estaríamos aquí. El miedo nos ha permitido sobrevivir. Tomaré la definición que hace Fernández-Abascal (1997) sobre el miedo: *"el miedo es una señal emocional de advertencia de que se aproxima un daño físico o psicológico. El miedo también implica una inseguridad respecto de la propia capacidad para soportar o mantener una situación de amenaza. La intensidad de la respuesta emocional de miedo depende de la incertidumbre sobre los resultados"*.

En muchas ocasiones la ansiedad también está ligada al miedo, pues de igual modo, se produce ante la percepción de una amenaza, si bien esta no tiene por qué ser real. Sean reales o no dichas percepciones, el grado de estrés que sufrimos ante determinadas situaciones es muy elevado y puede disminuir si tratamos de ser conscientes de las consecuencias reales que pueden sucederse de la situación temida.

¿Cuántas veces has sentido miedo de algo que posteriormente no fue tan malo como pensabas?

Para entender el significado del ejercicio que voy a presentar comenzaré con un ejemplo.

María tiene que presentar un nuevo proyecto de marketing para un cliente muy importante de su empresa. La noche previa a la presentación apenas puede pegar ojo y por la mañana es incapaz de tomar bocado porque tiene el estómago cerrado. Cuando llega al trabajo y se dirige a la sala de presentaciones, las piernas apenas le responden, su corazón late con fuerza y su mente está nublada.

Es probable que si María se hubiese preguntado a sí misma *"¿Qué es lo peor que podría pasar si la presentación sale mal o no es del agrado del cliente?"* los niveles de ansiedad hubiesen disminuido antes de comenzar con la presentación y al mismo tiempo no tendría tanto miedo al respecto.

Al realizar la reflexión pertinente, María podría haber llegado a la conclusión de que lo peor que podría pasar es que su jefe decidiese que ella no está lo suficientemente preparada y la excluyese del proyecto, encargándole el mismo a otro compañero. Las posibilidades de que el cliente contrate a otra empresa son muy escasas ya que ya ha trabajado anteriormente con la empresa y parece satisfecho con los resultados. Además, en la ciudad no hay ninguna otra empresa de marketing, por lo que el cliente tendría que marcharse a otro lugar para contratar una nueva empresa, y esto le supondría mayores costes de tiempo y económicos. Por otro lado, las posibilidades de que a María la echasen del trabajo son también muy escasas, ya que tiene un contrato fijo y lleva diez años trabajando en la empresa. Además, que la despidiesen por un fallo que ha tenido en diez años, no tendría mucho sentido. Y por último, si la despidiesen, su jefe tendría que contratar a otra persona para desempeñar el cargo de María, lo que supondría invertir de nuevo tiempo y dinero en formar a una persona sin la experiencia de María.

Por tanto, vemos que las consecuencias de que la presentación no satisfaga al cliente no son tan malas ¿no?

Bien, ahora te propongo que pienses en esa situación tan temida para ti. No tiene por qué estar relacionada con el ámbito laboral, obviamente. Se trata de que tomes papel y bolígrafo y analices las consecuencias más terribles que podrían suceder respecto a la situación temida.

Ha llegado tu turno.

¿Qué es lo peor que podría pasar si...?

6

CREENCIAS APRENDIDAS Y EFECTOS PSICOLÓGICOS

Es más fácil desintegrar un átomo que un prejuicio.

Albert Einstein

Contamos con tres actividades de escritura para ser conscientes tanto de las creencias que nos han inculcado desde pequeños y que han influido en muchas ocasiones de manera negativa en nuestra vida, como de los efectos que causan las mismas en el comportamiento de los demás y para con los otros.

Lo que se trata de conseguir es:

- Ser consciente de que muchas de tus creencias están fundamentadas en las enseñanzas de otros.
- Analizar las creencias y prejuicios que otras personas tienen sobre ti e influyen en tu conducta aunque no quieras.
- Comprender que la mayoría de las personas tiende a juzgar a los otros en base a hechos o características aisladas.

Para ello se realizará lo siguiente:

- Profundizar en la educación recibida.
- Analizar los enunciados que escuchaste en el pasado y que influyeron en tus decisiones.
- Examinar los prejuicios con los que juzgas al resto.
- Relacionar las palabras y creencias de otros con tus conductas.

Creencias aprendidas

Desaprender la mayor parte de las cosas que nos han enseñado es más importante que aprender.

Eduard Punset

Nuestro modo de actuar está basado en una serie de creencias, que por un lado, nos transmitieron en la infancia las personas más significativas de nuestro entorno, y por otro lado, creencias que provienen de la generalización que realizamos a partir de experiencias concretas e individuales en la vida adulta. Estas suposiciones dominan nuestra manera de pensar, de comportarnos, e incluso, interfieren en nuestras emociones, y por tanto nos limitan seriamente a lo largo de toda nuestra vida.

Por ejemplo, si Marta cuando era pequeña, conseguía todo lo que quería cada vez que montaba una pataleta, ahora, de adulta, entenderá que para conseguir aquello que se proponga, con formar un escándalo, será suficiente. Sin embargo, es probable que haya otras vías alternativas más adecuadas para conseguir sus objetivos.

Marcos, siendo ya adulto, realizó un viaje al extranjero, donde contrajo una gastroenteritis. Ahora tiene un miedo irracional a viajar, ya que considera que cada vez que lo haga, enfermará.

Silvia se crió en un ambiente hostil, donde su padre era violento y su madre soportaba toda clase de palizas. Su madre le repetía una y otra vez que todos los hombres eran unos machistas y maltratadores, algo que sigue creyendo hoy en día, lo que le ha llevado a negarse a tener una relación de pareja, a pesar de haber sentido el deseo de tenerla.

Como puedes observar, nuestras experiencias y aquello que nos enseñan en la infancia condiciona el modo en que vivimos. En ocasiones, los aprendizajes pueden ser beneficiosos, y evitarnos peligros. Por ejemplo, *"de pequeño me repetían continuamente que no tocase el fuego porque quemaba"*. Obviamente, esta creencia es totalmente adecuada. Pero ¿qué hay de otras? ¿Crees que las personas de los ejemplos anteriores están limitadas por algo irracional que aprendieron? Yo diría que sí.

A través de este ejercicio, pretendo que identifiques esas creencias que te transmitieron a lo largo de tu vida las personas e instituciones de tu entorno: familia, escuela, televisión..., las cuales a través de tu experiencia has confirmado que no han sido adecuadas para tu evolución. Cada persona es un mundo, cada generación es distinta, y el contexto en el que vivimos será completamente diferente para nuestros descendientes, por lo que no resulta adecuado aplicar unas creencias que ahora son válidas a un futuro que probablemente nada tenga que ver con el panorama actual. Por ello, es necesario que cuestionemos lo que creemos, que seamos capaces de distinguir lo que nos hace tener una vida más completa, de lo que nos limita. Somos libres, y por tanto, libres de elegir, de pensar, de sentir de actuar.

Te propongo que elabores una lista con creencias que te hayan inculcado, sean del tipo que sean, y que consideres si te impiden ser feliz y vivir plenamente.

Adelante.

El efecto halo

El *efecto halo* fue descubierto por Thorndike en 1920 a partir de sus investigaciones en el ejército. Afirmó que las personas tendemos a extraer una idea global o generalizada de alguien basándonos únicamente en una característica de dicha persona.

De este modo, los oficiales tendían a valorar de forma positiva a sus superiores cuando estos habían mostrado una cualidad positiva (*efecto halo*), mientras que calificaban de forma negativa a los superiores cuando tenían una característica negativa, independientemente de que el resto de su personalidad fuese agradable (*efecto diablo*).

En esencia, se trata de dejarse llevar por la primera impresión. En un estudio, realizado por Karen Dion, se mostraba a los sujetos participantes diferentes fotografías de personas desconocidas. Cuando la persona de la fotografía era atractiva, tendían a atribuirle cualidades y rasgos positivos de personalidad. Por el contrario, si se trataba de alguien menos agraciado, se le atribuían aspectos de carácter negativo.

Podemos encontrar diferentes ejemplos de este sesgo cognitivo. Por ejemplo, si sabemos de una persona a la que acabamos de conocer, que es de una ideología política contraria a la nuestra, tenderemos a crearnos una imagen global negativa de ella, aun sin conocerla plenamente.

Este sesgo está relacionado con los prejuicios y creencias previas que poseemos.

A través del ejercicio que voy a proponer, se pretende que seamos más conscientes del efecto que tienen las primeras impresiones en la idea que nos formamos acerca de una persona.

Reflexiona por escrito sobre lo siguiente:

- *Piensa en alguien que hayas conocido, del cual, la primera impresión que te causó no fue la acertada cuando le conociste en profundidad.*
- *¿En qué te basaste para crearte dicha idea?*
- *¿Cómo te sentiste al conocerle mejor?*
- *¿Has vuelto a basarte en los mismos aspectos para juzgar a otra persona diferente posteriormente?*

Comencemos, es hora de reflexionar y descubrir.

El efecto Pigmalión

El ser humano desde que nace hasta que muere es dependiente de otros para sobrevivir. Al nacer se hace indispensable el cuidado y la satisfacción de necesidades fisiológicas y de afecto de los bebés. Ya, cuando crecemos, no necesitamos que nos den de comer, que nos protejan para no caernos, pero aun así, seguimos necesitando a los demás. Las opiniones de los que nos rodean son de suma importancia. Crecemos con unos referentes, que son los padres, cuidadores, profesores... Estas personas, queramos o no, influyen de manera significativa en nuestro aprendizaje y en nuestro desarrollo. Del mismo modo, nosotros también influimos en otros.

Viene al caso hablar del conocido *efecto Pigmalión* o *profecía autocumplida*. Se trata de un fenómeno que describe cómo las creencias o expectativas que alguien tiene sobre otro pueden llegar a cumplirse. Por ejemplo, si el jefe valora continuamente el esfuerzo de uno de sus empleados, le halaga y recalca ante los demás lo bien que trabaja, es posible que el comportamiento de dicho empleado se vea reforzado y de este modo su rendimiento aumente.

Nuestros padres y profesores son las personas que más influyeron en nuestra infancia, y por tanto, en el desarrollo de nuestros pensamientos, conductas... La primera parte del ejercicio consiste en enumerar todas aquellas expectativas negativas que dichos referentes han creado hacia nosotros. A modo de ejemplo tenemos aquella frase repetitiva de nuestra madre diciéndonos *"eres una desordenada"*, y que incluso en la actualidad sigue comentando. A menudo nuestro padre recriminaba nuestro comportamiento diciéndonos *"no te pareces en nada a tu hermano"*, del mismo modo, nuestra tutora, nos repetía una y otra vez *"las mates se te dan mal"*. Así pues, procederás ahora a describir aquellos comentarios negativos sobre ti que tantas veces has escuchado.

Madre

Ejemplo: *eres una desordenada*

-
-
-
-

Padre

Ejemplo: *no te pareces en nada a tu hermano*

-
-
-
-

Profesores

Ejemplo: *las mates se te dan mal*

-
-
-

Como habrás observado, muchas de las frases características de nuestros referentes parece que describen nuestra personalidad: *"Soy algo desordenada". "Mi hermano tiene estudios y yo no, es cierto que no nos parecemos en nada". "Sí, es verdad, nunca he conseguido aprobar un examen de matemáticas"*. Esto se debe al *efecto Pigmalión*. Si alguien me dice continuamente que soy una desordenada, al final terminaré por creérmelo, y acabaré comportándome como tal, por lo que terminará siendo cierto, y acabará teniendo razón, soy una desordenada.

Ahora pasaremos a confrontar las afirmaciones que has escrito anteriormente. Por ejemplo, la afirmación que mi madre hace sobre mí, diciendo *"eres una desordenada"* la puedo rebatir de la siguiente manera: *"No soy una desordenada, tengo una carpeta archivadora con todos los papeles de la seguridad social, recibos de banco y nóminas bien ordenados"*. Puede que en mi habitación tenga una silla con una montaña de ropa, pero también tengo una carpeta de papeles bien puesta que demuestra que no soy una desordenada.

Por tanto, la segunda parte del ejercicio trata de buscar indicios que, por pequeños que sean, demuestren que las creencias que los demás tienen sobre nosotros no son ciertas del todo. Describe para cada afirmación que has escrito (tanto de la madre, del padre, como de los profesores) una situación que la desmantele, tal y como he mostrado el ejemplo.

Es tu turno.

7

REFLEXIONES PARA VIVIR

Quien quiera enseñarnos la verdad que no nos la diga. Que nos sitúe de tal modo que la podamos descubrir nosotros mismos.

José Ortega y Gasset

El título de este bloque puede resultar un tanto curioso. Lo he titulado así porque la finalidad de todos los ejercicios, independientemente de su diversidad, es pensar detenidamente sobre algunos aspectos de nuestra vida.

Se trata de:

- Aceptar los errores e integrarlos en tu yo.
- Hacer tuyo el aprendizaje que la vida te brinda.
- Seguir adelante a pesar de los obstáculos.
- Reconocer lo bueno que hay a tu alrededor.
- Mejorar lo mejorable.

Las reflexiones servirán para:

- Comprender el significado de los errores cometidos.
- Descubrir por qué se repiten situaciones dolorosas similares en tu vida.

- Desarrollar estrategias para cambiar tus conductas no deseadas.
- Tomar conciencia de cómo cada situación dolorosa refuerza una parte de ti.
- Vislumbrar tus motivos para seguir adelante.
- Entender que toda situación tiene explicaciones diferentes.

Brindemos por el aprendizaje de cada error

Todos y todas, sin excepción, cometemos errores a lo largo de nuestras vidas. ¿Quién no ha oído alguna vez esa expresión *"si yo tuviera tu edad, con lo que sé ahora…"*?. Conforme nos vamos haciendo mayores nos hacemos más sabios. Es por ello que en algunas culturas, las personas mayores son las más respetadas y consideradas las más sabias. Actualmente, y por desgracia, en el mundo occidental, dejamos olvidados en una esquina a nuestros mayores, ignorando que su experiencia es la más valiosa de todas las enseñanzas. Creemos que el avance de las nuevas tecnologías es lo único que cuenta de cara al futuro. Y nos olvidamos de lo que realmente importa, de lo que nos hace humanos, queramos o no: el vivir, el experimentar, el equivocarnos.

Cuando echamos la vista atrás, recordamos aquellos errores que cometimos, unos, hace tanto tiempo que nos resultaría de locos volver a actuar de la misma manera, y otros, tan recientes, que no nos hemos parado todavía a recapacitar sobre el aprendizaje que han supuesto para nosotros.

Desde este ejercicio te invito a escribir una lista de los siete errores más significativos que hayas cometido. A continuación, describirás con detalle el aprendizaje que ha conllevado cada uno de ellos.

Ejemplo

Errores	Aprendizajes
Dejé mis estudios demasiado temprano porque quería disponer de mi propio dinero, a pesar de que tenía la posibilidad de estudiar.	• *Comprendí de forma temprana lo que cuesta ganar el dinero.* • *Es mejor no precipitarse. Cada cosa a su momento.*
Permanecí durante mucho tiempo al lado de una persona a la que no amaba.	• *Cada persona es libre de tomar sus propias decisiones y de elegir a la persona con la que desea compartir su vida.* • *Aprovecha el tiempo de la mejor manera que puedas. La vida es corta.*

Ahora es el momento de que expongas el aprendizaje derivado de los errores que tal vez cometiste.

Historias que se repiten

¿Te has fijado en que siempre hay una misma situación que se repite en tu vida una y otra vez? Conocido por todos es el dicho que reza *El hombre es el único animal que tropieza dos veces en la misma piedra*, y de hecho, lo hace infinitamente hasta que aprende lo que la situación requiere.

Los patrones repetidos casi siempre tienen que ver con las relaciones interpersonales, por ejemplo: *todas las parejas que he tenido me han dejado sin una explicación, todas las personas que conozco se toman rápidamente confianzas conmigo y acaban por pedirme innumerables favores, en el trabajo siempre soy la única a la que le cambian el turno de la noche a la mañana.*

¿A qué crees que se deben estas situaciones incómodas que se repiten tantas veces a lo largo de tu vida? Al respecto hablaré de dos aspectos fundamentales. En primer lugar, cuando nos relacionamos con alguien, a través de nuestro comportamiento, estamos transmitiendo información muy valiosa al otro. Si yo soy una persona que escucho atentamente todo lo que me cuentan, que siempre tengo tiempo para los demás, y que no acostumbro a cargar a los otros contándoles mis problemas, es probable que en mi grupo de amigos el rol que yo tenga sea el de "consejero". Igualmente, si yo tiendo a contar un problema mío, posiblemente me sienta incomprendido e incluso ignorado, pues hasta el momento el papel que he adoptado es el de "escuchador" y no el de "hablador". Así pues, seré una persona que cargue emocionalmente con mis problemas y con los de los demás, sin que los demás tengan en cuenta los míos. Y esto sin duda es porque mi actitud refleja que ese es mi rol dentro de una amistad. Si por ejemplo, en mi relación de pareja, siento que yo soy siempre quien cede, y que el otro me exige demasiado, probablemente a través de mi conducta, yo le esté dando a entender que estoy dispuesta a dar más que a recibir, pues nunca digo no, siempre pongo por encima de mis necesidades las suyas... Como ves la manera en que los demás actúan con nosotros viene determinada por las características de nuestra personalidad que perciben mediante nuestras actitudes, palabras, sentimientos... En segundo lugar, estos patrones de comportamiento se han formado en gran medida en nuestras experiencias tempranas. Cuando éramos niños aprendimos a actuar de determinada manera para conseguir lo que queríamos: afecto, seguridad... También puede ocurrir, que hayas sentido que una experiencia traumática o dolorosa te haya cambiado, y sea a raíz de entonces cuando compruebes que se repiten una serie de circunstancias similares negativas en tu vida. Esto es porque tuviste que enfrentarte de una forma concreta a la situación dolorosa y tu cerebro entendió que debía comportarse igualmente siempre para lograr vencer las adversidades, si bien puede ser que esas conductas no sean apropiadas para enfrentarte a tu rutina diaria.

Voy a plantear un ejercicio que te permita tomar consciencia de los patrones negativos repetitivos que hay en tu vida. Para ello intentarás analizar una situación concreta. Piensa en la experiencia más incómoda que se repita constantemente. Por ejemplo, *me ha ocurrido que varias amistades profundas que he tenido han resultado ser personas posesivas y manipuladoras, que me hacían sentir culpable por salir con otras personas y por dedicar tiempo a otras actividades en las que ellas no participasen, y al final siempre he terminado en un círculo cerrado, donde solo estábamos dicha persona y yo. Tras cortar las relaciones, me ha vuelto a ocurrir lo mismo con otras personas y estoy cansada ya de que manipulen de esa manera.*

En esta actividad no vamos a centrarnos en las causas que originaron nuestras actitudes, ya que habría que hacer un análisis muy extenso y complicado, por lo que procura situarte en tus propias actitudes que pueden atraer este tipo de relaciones. Ejemplo:

- *Soy muy confiada.*
- *Nunca digo no.*
- *Soy muy empática.*

Con este ejemplo espero haberte ayudado a entender la esencia del ejercicio. Para dar paso a tu propia práctica, te invito a que describas ese conflicto que se repite en tu vida.

Una vez definida la situación, propongo que enumeres una serie de actitudes tuyas que consideres que son propicias para la situación, tal y como he hecho yo anteriormente.

Para terminar, puedes elaborar una serie de estrategias para llevar a cabo y así, eliminar estas actitudes generales de tu conducta que hacen que se repitan los mismos patrones negativos. Por ejemplo: *yo he comentado que una de las actitudes que puede dar lugar a que mis amistades más profundas lleguen a convertirse en una relación tóxica donde yo estoy manipulada, puede ser el hecho de que nunca diga no, por lo que a partir de ahora me propongo en relación a mis amigos*:

- *Esta semana diré "no" al menos una vez a alguien de mi entorno.*
- *No contestaré a una llamada telefónica. La devolveré cuando a mí me apetezca.*

Sé que puede resultar complicado, pero es necesario conocer las actitudes que generan en los demás determinadas conductas para con nosotros, para así poder cambiarlas, ya que los demás se comportarán con nosotros según les demos a entender cómo pueden hacerlo. Este ejercicio sirve para cualquier patrón relacional negativo. Algunos serán más fáciles (como el de mi ejemplo) y otros más difíciles de analizar, pero te invito a tomar tiempo y adentrarte en tu propia mente.

Es tu turno.

Mis cruces

Como se suele decir, todos cargamos con nuestra propia cruz. Nadie está libre de pesos dolorosos que acarreamos sobre nuestra espalda día tras día a lo largo de nuestra vida. La mochila que llevamos suele estar repleta de angustias, de arrepentimientos, de tristezas, experiencias que nos recuerdan momentos duros. Resulta imposible hacerlos desaparecer. ¡A cuántos nos gustaría que nos borrasen una pequeña parte de nuestra memoria! En muchas ocasiones, evitamos pensar en ellos, resulta que estamos haciendo cualquier actividad y nos damos cuenta de que estamos sumergidos en uno de esos dolores. No van a desaparecer, pero debemos aprender a aceptarlos, saber que forman parte de nuestra historia personal, que en parte, ellos nos hacen ser quienes somos, y por ello debemos integrarlos como parte de nuestro ser, centrándonos únicamente en el aprendizaje que nos han brindado y dejarlos fluir para así poder avanzar.

Con este ejercicio pretendo que puedas reconocer esas "cruces" que te acompañan en tu camino, es decir, aquellas situaciones vividas que por el motivo que fuere, siguen causándote dolor. Para ello, las describirás una por una y tratarás de asignar una fortaleza para cada una de ellas. Con fortaleza me refiero a un aspecto del carácter o de la personalidad que se ve reforzado por una experiencia desagradable y que nos ayuda a encarar los desafíos de la vida y a luchar día tras día.

Muestro el siguiente ejemplo a título ilustrativo:

Mi cruz: la última conversación que mantuve con Alejandra antes de su muerte fue una discusión. Le dije mil cosas de las que me arrepiento por una simple tontería y colgué el teléfono enfadado. Fue la última vez que hablé con ella. Esto me persigue día a día y es muy difícil seguir adelante con tal peso. Mi fortaleza: ahora soy consciente del amor que siento por mi familia y amigos, soy más cariñoso, y aunque me cuesta expresar con palabras cuánto les quiero, trato de demostrárselo con hechos. Estoy pendiente de todos y siempre intento ayudarles. Valoro a todas esas personas que tengo conmigo.

Ha llegado el momento de que seas tú quien escriba.

Quiero seguir

¿Te has parado alguna vez a contar todas las veces que te quejas a lo largo del día? Y ¿a dar gracias? Te sorprenderías si lo hicieras. Vivimos tan ocupados en saltar los obstáculos que se nos presentan rutinariamente que acabamos por meternos en una espiral de amargura que no nos deja ver con claridad la cantidad de motivos que tenemos para seguir adelante.

Contaré una pequeña historia…

Érase una vez una joven llamada Alegría. Alegría era la mayor de siete hermanos. Su madre, había muerto cuando ella tenía catorce años, y su padre pasaba las semanas enteras en un cortijo en el campo, cuidando animales y tratando de hacer lo que a su mujer le hubiese gustado, velar por la prosperidad de sus hijos, o al menos así lo entendía él, ya que en realidad era un completo desconocido para ellos. Alegría desde bien pequeña había interiorizado una rutina que le permitía no pensar en las dificultades que entrañaba su vida. Se despertaba antes del amanecer, encendía el fuego y preparaba café. Después amasaba la harina que había dejado fermentar durante la noche, y se disponía a meter el pan al horno. Despertaba a sus hermanos, vestía a los más pequeños y les daba una ciruela a cada uno. Ya, una vez todos se habían marchado a sus labores, unos al campo, los más pequeños a la escuela, Alegría lavaba ropa en el viejo lavadero del patio. Frotaba con tanta fuerza que las grietas de sus manos comenzaban a sangrar, manchando así la ropa y teniendo que volver a empezar. Todas las mañanas venían a buscarla dos muchachas de su edad, para ir juntas al mercado de la ciudad. "No tengo nada que comprar, en otra ocasión", respondía una y otra vez. Hasta que un día decidió acudir por su cuenta. No llevaba un céntimo en el bolsillo, tampoco importaba. Alegría quedaba anonadada por los puestos de fruta, embutidos y legumbres. Veía a las madres, acompañadas de sus hijas mayores, y no podía evitar recordar a su madre. Una mujer de edad avanzada y bien vestida observaba a Alegría mientras esta contemplaba unos dulces de chocolate. Pensaba en sus hermanos, y en cuánto le gustaría que probasen aquellas delicias, como hacía ella cuando era niña y su madre aún vivía. La mujer de edad avanzada entregó unas monedas al mercader, y este le ofreció un manojo de dulces envueltos en un papel.

—Toma, –dijo la mujer mientras se los ofrecía a Alegría– son para ti.

Alegría no cabía en su asombro. Le dio las gracias y se marchó hacia a casa. Por el camino contó las chocolatinas. Solamente había seis, así que decidió que no las probaría, entregaría una a cada uno de sus hermanos.

Cuando Alegría entró a su casa, se encontraba allí su padre, quien al verla con aquel paquete, se lo arrebató de las manos, y lo abrió. Su padre no pudo contener la ira al pensar que él pasaba los días enteros trabajando mientras su hija mayor gastaba el poco dinero que tenían en chocolatinas.

Por la noche, ya en la cama, y bajo el ruido de la lluvia incesante, Alegría lloró con todas sus fuerzas, por el dolor de los moratones y por la tristeza que había estado oculta tanto tiempo y que por fin veía la luz. Rezó con todas sus fuerzas para que Dios la llevara con él y con su madre.

Después de aquel día, nada fue igual. Su padre la miraba con desprecio y le hablaba mal. Se levantaba desganada y solo tenía ganas de llorar. Así que cada noche rezaba y suplicaba para que Dios se la llevara de allí.

Una noche, recibió una visita. Era un hombre vestido de negro.

—He venido a llevarte conmigo. Al fin tus plegarias van a cumplirse –dijo el hombre con voz ronca.

Alegría lejos de asustarse preguntó:

—¿Quién eres?

—Soy la muerte y vengo a llevarte conmigo.

Alegría sonrió.

—Está bien, me marcho contigo.

—Espera. Antes deberás superar una prueba.

—¿Qué prueba? –preguntó extrañada Alegría.

—¿Por qué no has acabado con tu vida tú misma y has esperado a que viniese yo a buscarte?

—Porque no quería que mis hermanos me viesen desangrarme, no quiero que sufran. Ellos son lo único que me importa.

En ese momento, la muerte se dio la vuelta y se dispuso a salir por la puerta.

—¡Espera! ¡No te vayas sin mí! –gritó Alegría–. ¿Por qué no me llevas contigo? –volvió a gritarle a la muerte.

—Porque esa no es la respuesta correcta para morir.

Podrás ser consciente de todo aquello que te impulsa a seguir adelante a través del ejercicio que muestro en estas líneas. Acostumbramos a quejarnos por las trabas que nos encontramos en nuestros caminos, pero pocas veces reflexionamos sobre los buenos momentos, las razones de nuestra existencia y lo que nos mantiene vivos. El ejercicio consiste en elaborar una serie de motivos por los que quieres seguir viviendo y explicar el por qué.

Ejemplo

Para Alegría, la protagonista del cuento anterior, el motivo principal por el que quería vivir eran sus hermanos.

Y ¿tus motivos para seguir viviendo cuáles son?

Escribe el mayor número posible de ellos.

Una versión inesperada

Recuerdo la primera vez que leí la versión que daba el lobo en la historia de *Caperucita Roja*, estaba en la Universidad. Permanecí toda la tarde dándole vueltas al asunto ¿Cómo no había escuchado antes aquella genialidad? ¿Cómo había podido vivir toda mi vida creyendo que la versión de Caperucita era la única posible a lo que había ocurrido? Aún, años después, sigo considerando la historia de Lief Fearn, llamada *El lobo calumniado*, como una de las que mejor ilustran la estupidez del ser humano. A menudo, el cuento se utiliza para trabajar en la resolución de conflictos, pero se adapta a la perfección a lo que quiero desarrollar en este ejercicio: la empatía.

¿Te ha ocurrido alguna vez que te han contado un hecho, lo has creído firmemente, y después otra persona te ha relatado otra versión de los hechos? ¿Qué pensaste? Por lo general, tendemos a creer todo aquello que nos cuentan, pues confiamos en las personas que nos rodean, como es lógico. Sin embargo, nuestros sentimientos y emociones hacia otras personas, suelen nublar nuestra capacidad de razonamiento y nos dejamos influir por ello, como si fuera la verdad absoluta.

Recuerda por un momento el cuento de *Caperucita Roja*, ese que tantas veces habrás escuchado, e incluso contado. ¿Qué emociones te suscita la pequeña Caperucita Roja? Yo, cuando pienso en ella siento lástima, temor, tristeza y compasión. Del mismo modo, la siento como una niña vulnerable, confiada, inocente, y al mismo tiempo valiente. Supongo que muchos compartirán conmigo esta visión.

Lee la siguiente historia llamada *El lobo calumniado*, que estoy segura, va a trastocar todos tus esquemas sobre *Caperucita Roja*. Se trata del mismo cuento, pero esta vez quien nos explica lo que ocurrió es el lobo.

El bosque era mi hogar. Yo vivía allí y lo cuidaba, intentando mantenerlo limpio y arreglado.

Entonces una mañana soleada, mientras yo estaba recogiendo basura dejada por algún excursionista, oí unos pasos. Me escondí detrás de un árbol y vi una muchacha más bien fea que venía por el camino con un cesto. La niña me pareció sospechosa por la forma tan curiosa en que iba vestida, todo de rojo y con la cabeza cubierta por una capucha, como si no quisiera que nadie supiese quién era. Naturalmente, la detuve para averiguar algo. Le pregunté quién era, adónde iba, de dónde venía y todo eso. Me contó, cantando y bailando, una historia sobre su abuela, a la que, según dijo, iba a ver con un cesto de comida. En principio parecía una persona honrada, pero estaba en mi bosque y la verdad es que tenía un aspecto sospechoso con su extraño atuendo; así que decidí enseñarle lo serio que es cruzar el bosque haciendo cabriolas, disfrazada y sin avisar previamente.

Dejé a la niña seguir su camino, pero yo corrí a casa de la abuela. Cuando le expliqué mi problema, la buena señora convino en que su nieta necesitaba una lección. Estuvo de acuerdo en esconderse hasta que yo la llamase, y se metió debajo de la cama. Cuando la niña llegó, la invité a pasar al dormitorio, donde yo estaba acostado y vestido como la abuela. Ella entró, toda sonrosada, y dijo algo desagradable sobre mis grandes orejas. Como ya me han insultado otras veces así, lo tomé lo mejor que puede, y le dije que mis grandes orejas me ayudaban a oír mejor. Lo que quería decirle es que la apreciaba y quería prestar mucha atención a lo que estaba diciendo; pero a continuación me dirige otra burla sobre mis ojos saltones. Pueden hacerse una idea de cómo estaba empezando a ponerme la niñita, en apariencia tan educadita, pero luego tan desagradable. De todas formas seguí con mi política de poner la otra mejilla y le dije que mis grandes ojos servían para verla mejor. Pero su siguiente insulto de verdad que me llegó al alma. Ya saben el problema que tengo con mis dientes salidos; bueno, pues la niña me soltó una broma muy insultante sobre ellos. Sé que debería haberme controlado, pero lo cierto es que salté de la cama y le gruñí diciendo que mis dientes me servirían para comerla mejor.

Bueno, hablando en serio, todo el mundo sabe que ningún lobo se comería jamás a ninguna niñita, pero la muy estúpida se puso a correr por toda la casa chillando, y yo detrás para tranquilizarla. Me había quitado ya las ropas de la abuela, pero esto solo empeoró las cosas. Y de pronto la puerta se derrumbó con estrépito y apareció un enorme leñador con su hacha. Le miré y me di cuenta de que me había metido en un buen lío, de forma que salté por la ventana que estaba abierta.

Ojalá la cosa hubiera terminado así.

Pero la tiparraca de la abuela nunca contó la otra versión de la historia, y enseguida se corrió la voz de que soy un tipo malo y agresivo. Todos empezaron a evitarme. No sé qué habrá sido de la niñita con su estrambótica caperuza roja, lo que sí sé es que yo no he vuelto a vivir feliz después de encontrarme con ella.

¿Qué te ha parecido la versión del lobo? ¿Te habrías imaginado que la historia se desarrolló de esta manera? Apuesto a que no. ¿Qué conclusión extraes de todo esto?

Acostumbramos a juzgar a los demás sin conocer su propia versión, guiándonos por nuestras creencias y prejuicios, y atendiendo solo a lo que vemos a través de nuestros ojos. Pero a veces la realidad puede estar distorsionada por todo ello.

Así pues, te animo a que seas ahora tú quien escoja un cuento, el que más te guste. Lo primero que sugiero que hagas, es escribir el cuento tal y como lo conoces, con todo lujo de detalles. Una vez lo tengas, me gustaría que te centrases en el personaje malvado, pues en todos los cuentos hay uno. Y a continuación, pon en marcha toda tu imaginación y creatividad. Cuenta la historia desde el punto de vista del personaje antagonista. Sé que puede ser complicado, para ello, tienes que liberar tu mente, dejar a un lado los prejuicios y pensar que todas las personas actúan de una manera determinada por un motivo, no por mera casualidad. Sitúate en su interior, cálzate con sus zapatos y reescribe el cuento que has escogido.

Deja que fluya tu imaginación y escribe sin miedo.

8

RESOLUCIÓN DE CONFLICTOS

Si quieres hacer la paz, no hables con tus amigos, habla con tus enemigos.

Moshe Dayan

Cuando nos hallamos en un conflicto o tenemos una preocupación cuya solución no encontramos, nos obcecamos y es difícil salir del bucle. Tendemos a emplear soluciones fallidas que ya hemos puesto en marcha en ocasiones anteriores y con los mismos resultados desastrosos. La clave está en descubrir soluciones diferentes, no experimentadas. Y para ello es necesario cambiar una serie de patrones cognitivos obsoletos que nos impiden actuar de manera novedosa. Esto es lo que se pretende trabajar en este bloque. Así pues se proponen una serie de ejercicios que te ayudarán a:

- Encontrar soluciones a problemas específicos.
- Comprender las distintas partes de un problema.
- Ser más objetivo/a.
- Tomar decisiones diferentes.

Para conseguirlo se hará lo siguiente:

- Tratar de averiguar el significado que subyace a las pesadillas recurrentes.
- Desarrollar la creatividad en la búsqueda de soluciones a problemas.
- Aumentar la tolerancia a todas las posturas implicadas en un conflicto.
- Emplear el humor para relativizar asuntos cotidianos.

Análisis de una pesadilla

Los sueños son el resultado de la elaboración que hace nuestro cerebro de todo el material sensorial que ha percibido a lo largo del día. Por eso es común soñar con deseos, series de televisión, miedos, conversaciones, objetos, conocidos, etc.

Personalmente, no creo en el significado de los sueños como predictores del futuro. Pero sí creo que en ocasiones, nuestro inconsciente trata de enviarnos mensajes a través de los sueños, concretamente por medio de las pesadillas recurrentes. Pesadillas recurrentes son aquellas que se repiten con cierta periodicidad y cuyo argumento base es el mismo. Si a menudo se repite la misma pesadilla en nuestros sueños, probablemente tengamos un conflicto interno sin resolver.

El ejercicio que propongo a continuación servirá para hacernos más conscientes del conflicto interno que la pesadilla trata de desvelarnos. Aun así, si no procedemos a resolver el asunto en la vida real, nuestro inconsciente seguirá atormentándonos, porque realmente se trata de algo preocupante o importante para nosotros.

Para analizar la pesadilla recurrente te propongo lo siguiente:

1. *Describe el sueño y los elementos comunes que aparecen siempre. Así como las personas que forman parte del mismo habitualmente. Extrae el argumento principal de la pesadilla.*
2. *Relaciona con qué motivos o miedos puede estar conectada (con algo que te ocurrió en el pasado, con desconfianza hacia alguien, con miedo hacia algo, con amenazas...).*
3. *Escribe del 1 al 100 el porcentaje de posibilidades que hay de que ese suceso ocurra por primera vez en la vida real o se repita si ya sucedió en el pasado.*
4. *Reelabora la pesadilla e inventa una solución o un final que te satisfaga.*

5. *Describe. ¿Qué acciones puedes llevar a cabo en la vida real para que el conflicto interno se solucione? ¿Qué crees que haría falta para que esa pesadilla dejase de atormentarte?*

Adelante.

La máquina de las soluciones

Los nuevos avances de la tecnología han hecho posible la creación de una máquina que genera soluciones a los conflictos. Dada nuestra incapacidad para resolver algunos de los problemas que tenemos, ingenieros y psicólogos han aunado sus conocimientos para ayudarnos en la toma de decisiones difíciles. La carga emocional y moral que supone la elección de una alternativa entre otras hace que muchas veces carguemos con el peso del egoísmo o de la culpa, según la opción que tomemos, lo que en ocasiones nos lleva a un alargamiento del dilema por nuestra indecisión para escoger una postura ante el mismo.

Por ello, ahora disponemos de una máquina de bolsillo que podemos utilizar en cualquier lugar. Este aparato posee un software perfecto, dada su capacidad para generar respuestas de manera imparcial, al mismo tiempo que abarca todas las opciones posibles a partir de los datos que introducimos. El mecanismo en cuestión genera preguntas según las variables que se van añadiendo al conflicto.

Para experimentar la eficacia de la máquina de soluciones vas a utilizarla en este ejercicio, centrándote en un problema o conflicto actual, el cual no tienes idea de cómo solucionar. Para ello la máquina te pregunta lo siguiente:

- *Define el conflicto de forma breve (máximo 35 palabras).*
- *¿Cuándo se generó? Si se generó hace más de un año, ¿por qué has esperado tanto para encontrar una solución?*
- *Enumera las causas del problema.*
- *¿Quiénes están implicados?*
- *¿Qué emociones tienes al respecto?*
- *¿Qué alternativas has barajado hasta el momento?*
- *¿Has puesto en marcha anteriormente alguna de las soluciones posibles?*

- *¿Saldría alguien perjudicado con alguna de tus decisiones?*
- *Enumera tres valores que te caractericen como persona.*
- *¿Alguna de las soluciones pensadas anteriormente está basada en dichos valores?*
- *¿Recuerdas algún conflicto anterior similar?*
- *Si la respuesta a la pregunta anterior es negativa, continúa. Si la respuesta es afirmativa contesta: ¿qué solución escogiste?, ¿fue la adecuada?*

Las respuestas que has generado conforman la información que ahora tiene la máquina de soluciones para elaborar respuestas a tu conflicto. Ahora has de ponerte en el papel de la máquina. Has de dejar a un lado tus emociones, y elaborar una serie de posibles soluciones. Algunas serán realistas, otras disparatadas, y otras simplemente imposibles de llevar a cabo, pero la función de la máquina es generar soluciones, independientemente de lo que nos parezcan. Así que ¿qué alternativas crees que te daría la máquina en base a la información que tiene? Ten en cuenta que la máquina de las soluciones ha sido configurada para ofrecer ocho respuestas diferentes, por lo que ahora serás tú quien descubra ocho maneras distintas de actuar.

Posibles soluciones

1.
2.
3.
4.
5.
6.
7.
8.

La máquina no puede decirnos cuál es la mejor de todas las soluciones que ha propuesto, ya que no es capaz de mediar con los sentimientos, por ello la decisión final la tienes tú. Para lo que sí está programada, es para ayudarnos a reflexionar sobre las posibles soluciones a través de una serie de preguntas que has de contestar:

- *¿Alguna de las soluciones propuestas te ha sorprendido?*
- *Haz un listado de las posibles consecuencias de cada posible solución.*
- *¿Cuál es la solución que menos consecuencias negativas tiene?*
- *¿Cuál es la solución más acorde a los tres valores acordes a tu personalidad, descritos anteriormente?*
- *¿Cuáles serían las cuatro peores opciones?*
- *¿Cuáles serían las dos mejores opciones?*
- *Desarrolla las consecuencias de las dos mejores opciones.*
- *¿Cuál de las dos te parece que podría ser la mejor?*
- *¿Cómo podrías ponerla en marcha?*
- *¿Hay algo que te impida tomar esa decisión? De ser así ¿cómo podrías eliminar este factor negativo?*
- *Enumera una serie de acciones para comenzar a solucionar tu problema.*

Para finalizar, la máquina pide que valores su eficacia en una escala del 1 al 10, siendo 1 "cero eficacia", y 10 "máxima eficacia".

Adelante, es un ejercicio largo, pero merece la pena.

Razones legítimas

Recuerda un conflicto que hayan tenido dos personas conocidas y en el que tú te hayas visto involucrado/a sin saber qué hacer porque considerabas que ambos/as podían tener razón en cierto modo.

- *Describe de manera objetiva el motivo del conflicto.*
- *Escribe las versiones que ambas partes contaban acerca del problema.*
- *Escribe los argumentos que daban cada una de las partes para demostrar su razón.*
- *Trata de situarte en primera persona como si fueses cada una de las partes. Pero hazlo de forma separada. Primero piensa desde el punto de vista de una de ellas y describe cómo se sentía. Después hazlo con la otra.*
- *¿Qué motivos o razones crees que les llevó a cada una de ellas a comportarse de la forma en que lo hizo?*

No se trata de que te posiciones, ni que logres determinar quién tenía razón y quién no. Simplemente se trata de que seas consciente de que en una situación problemática cada persona tiene sus motivos para actuar de un modo concreto. Y todas las posturas son legítimas, a no ser que atenten contra los derechos humanos.

Es hora de comenzar.

Un consejo especial

Piensa en esa persona a la que tanto admiras, esa que siempre vence los obstáculos a pesar de las dificultades. Quizás sea un conocido, un personaje histórico cuya lucha fue memorable, el protagonista de tu película favorita, alguien importante de tu vida que ya no está, no importa de dónde proceda, lo que cuenta es que es importante para ti. Recuerdas su fuerza, su sabiduría, sus ganas de luchar, sus decisiones, compartes sus penas y sus alegrías, te sientes dichoso/a al rememorarlo en tu mente. Sabes de quien te hablo.

Escríbele una carta. Describe en ella aquella preocupación actual que te impide avanzar en este momento de tu vida. Cuéntale qué sientes, tus pensamientos, tus dudas e incertidumbres. Sincérate, porque sabes que te comprenderá.

Cuando hayas finalizado tu carta, cierra los ojos y piensa en él o en ella. Apodérate de su ser, siente su persona en tu interior. Visualízale con detalle en tu mente y trata de imaginarte como él o ella, apartando las piedras del camino, pisando el lodo sin hundirte en él, luchando contra la adversidad.

En esta segunda parte del ejercicio, de nuevo escribirás una carta. Sin embargo, te pondrás los zapatos del destinatario de tu anterior carta y responderás a la misma como si fueses él o ella. Deja tu mano fluir, y las palabras saldrán solas. Te ofrecerá consejo, apoyo y por qué no, te ayudará a tomar una decisión. Piensa qué haría esa persona tan especial para ti si se encontrase en tu lugar.

Te toca.

Una discusión diferente

¿Recuerdas la última vez que discutiste con alguien? Quizás, ¿con esa persona que siempre acaba por sacarte de tus casillas? Es cierto, que hay personas con las que nos toca ingeniárnoslas para que no hagan de nosotros un gran ogro, porque aunque la paciencia pueda estar de nuestro lado, esta no es un bien ilimitado. A través de este ejercicio pretendo que consigas relativizar una discusión reciente que te hizo sentir verdaderamente mal.

Intenta recordar con exactitud el diálogo que mantuviste con la persona en cuestión. Escríbelo.

Cuando hayas terminado, tendrás que copiarlo (siento que tengas que escribir tanto, pero ¡es un ejercicio de escritura terapéutica!), pero esta vez, sustituye todas las vocales por la "e".

Al finalizar, lee el segundo diálogo que has escrito y trata de reproducir el tono de voz que empleasteis ambos.

Comencemos.

9

DESPEDIDAS Y FINALES

La complejidad de las relaciones es de tal magnitud que resulta imposible dar explicación lógica a los porqués que subyacen a algunas rupturas. Las relaciones terminan, bien por decisión de una parte, bien porque así lo quieren ambas. Las personas que deciden dejar de estar en nuestra vida son libres de hacerlo y es algo que no tenemos derecho a reprocharles. Para poder recuperarnos de la pérdida, el primer paso es aceptarla. Y el segundo, despedirnos. No por ello dejaremos de sufrir inmediatamente, pero sí podremos superar las pérdidas, unas más dolorosas y otras menos.

Por tanto, a través de los dos ejercicios que propongo conseguirás:

- Aceptar el final de una relación.
- Respetar la decisión de la otra persona.
- Perdonar.

Para ello los ejercicios pretenden:

- Ahondar en tus necesidades con respecto a la relación.
- Hacérselas saber a la otra persona de manera simbólica.
- Analizar los motivos por los que la relación ahora no tendría significado alguno para ti.

- Expresar tus emociones dolorosas.
- Desarrollar tu empatía y situarte en el lugar del otro.
- Cerrar la relación a través de una despedida.

Cerrar círculos

A menudo permanecemos atrapados "mentalmente" en etapas de nuestra vida que ya pasaron. Seguimos dándole vueltas a por qué se terminó, por qué ocurrió aquello. Nos preguntamos una y mil veces qué hicimos mal para que ya nada sea igual. Por lo general estas etapas suelen estar representadas por una o varias personas. Tuvimos una relación que ya se ha terminado: una relación de pareja, una amistad, una relación laboral... La mayoría de las veces que no podemos avanzar es porque la relación no se cerró de manera adecuada. Quizás una discusión de la que nunca más se volvió a hablar, una ruptura inesperada, unas palabras que nos hicieron daño, una persona que desapareció de nuestra vida repentinamente, alguien que no cumplió su promesa... Cada historia es un mundo y de cada historia hacemos un mundo igualmente, el nuestro. Hemos de ser conscientes de que lo que se fue ya no forma parte de nuestro presente. Sí formó parte de nosotros una vez, pero eso ya se acabó, y esto es algo que no se puede cambiar. El primer paso para dejar de darle vueltas al por qué es aceptarlo. Cada persona tiene sus motivos y sus necesidades para actuar del modo en que lo hace. Quizá nuestra necesidad sea recibir más explicaciones, pero tal vez la persona no pueda dárnoslas, por lo que tenemos que aceptar su decisión de sacarnos de su vida.

Seguramente, conforme leías estas líneas te ha venido a la mente una persona con la que te ha ocurrido algo similar. Un final insospechado, amargo y eterno. Bien, es el momento de cerrar esa página.

Para ello, escribe en primer lugar una serie de "aceptos" en relación a la decisión de la persona de salir de nuestra vida. Ejemplo:

Acepto que te marchases de mi vida sin darme explicaciones...

En segundo lugar expresa las necesidades que te hubiese gustado que satisficiera la persona antes de romper la relación. Ejemplo:

Hubiese necesitado pelear, gritar, insultarte, preguntarte por qué...

Ahora procede a perdonarle. Ejemplo:

Te perdono por todas las veces que me hiciste llorar

Y para finalizar, descríbele los motivos por los que ahora para ti, no sería posible retomar la relación de nuevo. Y despídete, deseándole lo mejor. Ejemplo:

Como he dicho, te he perdonado, pero creo que ahora no podría retomar nuestra relación. Bueno, en realidad sí podría, pero no quiero. Creo que somos personas muy diferentes, que no llegamos a comprendernos la una a la otra en el pasado, y ahora no creo que fuese diferente. Además, he cambiado. Imagino que tú también. Sé que no tenemos cosas en común, y por tanto, forzaríamos una relación en la que no hay ese 'feeling' que caracteriza a las buenas relaciones. Mis necesidades también han cambiado y ya no me siento tan dependiente para con los demás. Además, creo que segundas partes nunca fueron buenas, y si terminó fue porque así tenía que ser. No te guardo rencor, una relación, sea del tipo que sea, es cosa de dos, así que te deseo lo mejor de corazón.

Ahora te toca a ti.

Lo que fue, lo que es

Escribe una carta dirigida a esa persona que te hizo tanto daño. Exprésale toda tu ira, tu rabia, tu odio. Describe tu desprecio, las sensaciones físicas que te produce el mero hecho de pensar en él o en ella. No argumentes tus sentimientos, ni trates de razonar. Únicamente fluye y dile todo aquello que nunca pudiste gritarle. Mientras escribes, experimentarás de nuevo aquella relación conflictiva, pero al mismo tiempo sentirás el poder de soltar todo lo que tienes dentro.

Cuando hayas terminado, cierra los ojos y trata de permanecer unos minutos en silencio, sin pensar en nada, pon tu mente en blanco.

Después lee la carta que has escrito. Comprobarás que la rabia en ti has disminuido solamente por el hecho de haber escrito.

Para concluir esa relación tormentosa, ese conflicto interior que tienes con dicha persona, te propongo escribir otra carta dirigida a él o ella. Esta vez, se trata de una carta en la que le agradeces todo lo que has aprendido tras vuestra relación. Describe con detalle cada una de las cosas que has aprendido y cuéntale para qué te van a servir esos aprendizajes a partir de ahora. Además, expresa cuánto has ganado al finalizar la relación.

Para finalizar describe cómo te sientes tras el ejercicio.

Adelante.

10

CUESTIONES PRÁCTICAS

La vida es muy peligrosa. No por las personas que hacen el mal, sino por las que se sientan a ver lo que pasa.

Albert Einstein

Este apartado es breve, pues únicamente he incluido dos ejercicios para llevar a cabo. El porqué del título es sencillo: ambas tareas tienen una finalidad práctica en tu día a día.

La primera actividad está relacionada con la gestión del tiempo y con ella aprenderás a:

- Tomar conciencia de tu tiempo real.
- Gestionarlo de manera adecuada.
- Introducir pequeños cambios en tu día a día que te permitan disfrutar de aquello para lo que nunca tienes tiempo.
- Ser más organizado/a.
- Valorar el tiempo.

La segunda tarea tiene que ver con los recursos que tenemos a nuestro alcance para conseguir aquello que deseamos. A través de ella podrás:

- Analizar todos los recursos que tienes a tu alrededor.
- Valorar lo que tienes.
- Emplear tales recursos de forma adecuada.
- Ser más realista.

Gestión del tiempo

Como no tenemos nada más precioso que el tiempo, no hay mayor generosidad que perderlo sin tenerlo en cuenta.

Marcel Jouhandeau

Los días pasan y el ajetreo de la vida actual nos impide valorar el tiempo tal y como se merece. Para ser conscientes del nuestro y poder gestionarlo mejor, propongo un ejercicio, pues el tiempo es lo único que no regresa en esta vida.

Vas a analizar el tiempo que empleas a lo largo de la semana en todas tus actividades, ya sean obligatorias, o no. En lugar de enumerar una lista con todo aquello que realizas, te recomiendo que repases cada día de la semana, de lunes a domingo, desde que te levantas hasta que te acuestas, para no olvidarte nada. Incluye desde el tiempo de descanso, hasta el que empleas en hacer la cena, tomar una copa, e incluso ducharte. Asigna a cada actividad el tiempo que empleas en ella a lo largo de la semana.

Ejemplo

Lunes*. Cuando me levanto me preparo un café y me siento en el sillón del salón a desayunar mientras reviso el correo electrónico y miro otras cuestiones en el ordenador. Allí estoy unos 60 minutos. Después en los preparativos de aseo personal tardo 45 minutos hasta que estoy lista para salir de casa. Desde que salgo de casa hasta que entro al trabajo pasan 20 minutos. Los lunes estoy 6 horas en el trabajo. Cuando salgo del trabajo acudo al centro de la ciudad, donde quedo con Mikel para tomar el vermut. Permanecemos en el bar aproximadamente 60 minutos. La mayoría de los días decidimos comer por ahí antes de acudir al gimnasio, por lo que puedo sumar otros 60 minutos. El gimnasio se encuentra en el centro, así que*

> *no pierdo tiempo en el trayecto. Allí estoy siempre una hora y media, entre el entrenamiento y la ducha. Para llegar a casa tardo unos 25 minutos, pues a esas horas hay más tráfico. Por lo general permanezco una hora y tres cuartos hablando por teléfono con personas a las que a menudo no tengo tiempo para ver. La cena tengo el privilegio de no hacerla yo, así que únicamente contaré el tiempo que invierto en cenar, unos 40 minutos. Suelo estar unos 20 minutos leyendo en la cama. Y finalmente caigo agotada. Duermo unas 7 horas.*
>
> Total minutos empleados: 1.305 minutos, 21,75 horas. Si un día tiene 24 horas, este resultado quiere decir, que hay alrededor de dos horas y media que pierdo los lunes.

Es tu turno. Sigue el ejemplo y haz lo mismo con todos los días de la semana.

Ahora suma todas las horas y minutos de tu lista. Una semana tiene 168 horas *¿se aproxima? ¿Has calculado bien el tiempo real que empleas en cada acción?* Sea como fuere, habrás conseguido ser más consciente de tu tiempo y su empleo.

Hazte la siguiente pregunta: *¿empleas tu tiempo tal y como te gustaría?* Está claro, que hay actividades que son necesarias, nos guste más o menos, como descansar, trabajar, comer, hacer la comida si no tenemos nadie que la haga… Hasta aquí todo correcto, pero ¿qué hay del tiempo libre? ¿Lo empleamos tal y como nos gustaría?

A continuación cuentas con 168 horas para organizar tu semana tal y como te gustaría que fuese. Obviamente has de ser realista, si no el ejercicio no servirá para nada. Te sugiero que hagas la distribución del tiempo día por día.

Ejemplo

> ***Lunes***. *En lugar de tomar 60 minutos en desayunar y mirar el correo electrónico, podría invertir en ello 45 minutos. Los 45 minutos de aseo personal deben permanecer tal cual, pues creo que no podría hacerlo en menos tiempo. Al trabajo sigo tardando en llegar 20 minutos. Sumo 6 horas de trabajo. En lugar de tomar el vermut durante 60 minutos y después comer y tardar otra hora, me gustaría hacer ambas cosas a la vez, por lo que voy a unir estas dos actividades y utilizar hora y media para ambas. En el gimnasio me gustaría estar más tiempo, por lo que entre ejercicio y aseo personal voy a utilizar 2 horas. Añado 25 minutos para llegar a casa. No me gusta hablar por teléfono por lo que me encantaría que en lugar de hablar hora y tres cuartos, pudiese hablar una hora, creo que es bastante tiempo. Continuo añadiendo el tiempo de la cena, que me gustaría que fuese más, porque es mi momento de relax, por lo que 60 minutos estaría bien. Finalmente, leer 20 minutos, y dormir 8 horas estaría bien.*
>
> Total de tiempo: 1.325 minutos, 22,08 horas. Aun así, tendría dos horas para invertir en lo que quisiera.

Cuando hayas finalizado, compara la distribución del tiempo que realizas en tu vida real con la que te gustaría realizar. *¿Qué diferencias existen? ¿En qué aspectos? ¿Qué crees que podrías hacer para emplear tu tiempo de forma más eficaz?*

Ya solo falta que los pongas en marcha. Adelante.

Inventario de recursos

El día a día nos provee continuamente de situaciones difíciles, complicadas o incomodas, que requieren de la puesta en marcha de todas las habilidades y recursos posibles. Sin embargo, la presión de tomar decisiones, la falta de tiempo y de ganas, así como el miedo, nos impiden ser conscientes de todos los recursos de los que disponemos en nosotros mismos para no salir perjudicados. Cuando se nos presenta una complicación, no somos capaces de dilucidar nuestras competencias y a menudo nos decimos frases como *todo me tiene que pasar a mí, no voy a ser capaz de hacerlo, no sé cómo, quiero pero no puedo, es imposible que salga bien, ya no sé qué hacer con esto...* Todas ellas, son sentencias negativas que no nos permiten ver con claridad y ser conscientes de las capacidades que disponemos. Repetirnos este tipo de comentarios nos desvaloriza, en el sentido de que menospreciamos nuestros recursos y no los tenemos en cuenta, cayendo en la trampa de la comodidad, lo conocido, la pereza y el miedo a lo nuevo.

Es por ello que te animo a que elabores un inventario de todos los recursos que tienes a tu alcance, para de este modo, poder ser más conscientes de ellos a partir de ahora y utilizarlos cuando sean necesarios. A continuación se enumeran las diferentes categorías de recursos, su correspondiente explicación y un ejemplo. Se trata de que hagas tu lista de la forma más completa posible.

- *Recursos económicos.* Se refiere a los ingresos monetarios. Para conocer tus recursos económicos reales, descontarás de los ingresos el dinero previsto para la vivienda y la comida. Lo que sobra, son los recursos económicos reales de los que dispones. Aunque no lo creas, este dinero puedes destinarlo a lo que quieras si te lo propones, algo que nunca tenemos en cuenta porque nos cargamos de gastos inútiles que reducen nuestros recursos económicos reales para cosas importantes.

- *Recursos sociales.* Tiene que ver con la red de amigos, familiares, asociaciones, organizaciones de nuestro entorno, conocidos.
- *Recursos materiales.* Está relacionado con todo aquello material que puede serte de utilidad, desde un ordenador, hasta las infraestructuras polideportivas que el ayuntamiento pone a tu disposición de forma gratuita.
- *Recursos cognitivos.* Hacen referencia a las capacidades mentales para procesar información y tratarla. Ejemplos: razonamiento, memoria, análisis, observación, síntesis, relacionar... En resumen todas aquellas capacidades mentales que posees.
- *Recursos intelectuales.* Incluye todo aquello que amplía tus conocimientos. Por ejemplo: carnet de biblioteca, un diploma, suscripción a una revista de historia...
- *Recursos emocionales.* Son aquellos que nos permiten regular y gestionar nuestros sentimientos de forma adecuada, como la resiliencia (capacidad de salir reforzado de las situaciones adversas), optimismo, estabilidad emocional...
- *Recursos afectivos.* Son aquellos que nutren y llenan de amor. Pueden ir desde personas hasta características personales como la generosidad.
- *Recursos físicos.* Son todos los que tienen que ver con las características físicas potenciales, como unas rodillas sanas, capacidad para relajarse, fuerza muscular...

Recomiendo realizar este inventario en una tabla. A modo de ejemplo, muestro la siguiente. (Esta tabla solo es orientativa, por lo que sugiero que la tuya sea más extensa e incluya más elementos).

Económicos	• *Ingresos: 820. Vivienda: 450 Comida: 220. Total gastos: 670. Ingresos reales: 820 – 670 =* ***150 euros***
Sociales	• *Amigos: Aitana, Javi, Idoia* • *Familia* • *Asociación de mujeres a la que pertenezco*
Materiales	• *Ordenador*
Cognitivos	• *Creatividad e imaginación* • *Buena memoria*
Intelectuales	• *Título inglés.*
Emocionales	• *Optimismo*
Afectivos	• *Pareja, hijos*
Físicos	• *Energía física, capacidad de descanso adecuado.*

Adelante. Comienza con tu inventario de recursos. Verás que dispones de una amplia gama de los mismos. Más de los que imaginas.

11

TU FELICIDAD

Desciende a las profundidades de ti mismo, y logra ver tu alma buena. La felicidad la hace solamente uno mismo con la buena conducta.

Sócrates

Este bloque lo he dejado para el final porque considero de suma importancia trabajar previamente en los diferentes aspectos que se han ido desarrollando a lo largo del libro. Por decirlo de alguna manera, la recompensa no puede darse antes del sacrificio. Los ejercicios que se incluyen en este apartado son de índole muy diversa, al igual que la felicidad, tan diferente para cada persona. Este apartado de escritura te permitirá:

- Ser un poquito más feliz cada día.

Y más concretamente, podrás:

- Definir qué es para ti la felicidad e integrarla en tu día a día.
- Averiguar cuánta felicidad te aporta lo material.
- Integrar los diferentes niveles de tu yo para vivir en equilibrio.

- Expresar amor a los demás y a ti mismo/a.
- Vivir en congruencia con tus valores.
- Decidir qué cambios quieres introducir en tu vida y crear estrategias de acción.
- Añadir un toque de humor a tu vida.

Mis valores

Antes de comenzar, me gustaría recalcar que para proceder a realizar el ejercicio que sigue es necesario contar con tiempo suficiente para ello, pues se trata de una actividad bastante larga. Además, igual que para el resto de ejercicios que propongo en el libro, es totalmente primordial encontrarse en un espacio sin ruidos donde la concentración pueda ser adecuada.

Los valores son aquellos principios que guían nuestros pensamientos y conductas. Son creencias que nos definen como personas, nos hacen comportarnos de determinada manera y no de otra, e incluso nos permiten resolver situaciones problemáticas a nivel moral. Los valores, además, producen sensación de bienestar y plenitud, en cierta manera, cada persona considera que sus propios valores le hacen ser mejor.

Si uno de los valores fundamentales que me definen como persona es la justicia, tenderé a actuar y guiarme en base a los principios que se derivan del significado de justicia. Por ejemplo, yo tengo un compañero de trabajo al que no soporto y con el que realmente tengo una relación bastante tensa. Por lo general es él quien se encarga de cerrar el establecimiento en el que trabajamos, con tan mala suerte que la semana pasada se presentó un atracador a la hora del cierre y le propinó una paliza. Yo, que me defino como una persona justa, estaré totalmente de acuerdo en que el atracador merece un castigo, independientemente de que la víctima me caiga mejor o peor.

En ocasiones nuestros valores se debilitan y nos encontramos en una situación en la que nos preguntamos: *¿Quién soy yo realmente?* A veces incluso no nos reconocemos en nuestras acciones diarias y esto nos lleva a lo que comúnmente se conoce como crisis existencial. Nuestros valores pueden debilitarse por distintos motivos:

- Nuestras necesidades se contradicen con nuestros valores.
- Nuestras circunstancias vitales cambian.
- Nos desanimamos porque nuestros valores no consiguen los resultados que esperábamos.

Cuando nuestro modo de vida entra en conflicto con nuestros valores resulta necesario revisarlos. Para ello la primera parte del ejercicio consiste en identificar los valores que te definen como persona, independientemente de que tus circunstancias personales a veces te impidan actuar en base a ellos. Señala los diez valores que más se ajustan a tu modo de pensar de la siguiente lista de valores. No obstante, si consideras que falta algún valor importante para ti, puedes añadirlo al final.

Altruismo

Amabilidad

Ambición

Amistad

Amor

Aprendizaje

Austeridad

Autenticidad

Aventura

Belleza

Bondad

Caridad

Compasión

Compromiso

Competitividad

Cooperación

Cuidado del medio ambiente

Creatividad

Curiosidad

Desarrollo personal

Disciplina

Diversión

Educación

Entusiasmo

Espiritualidad

Éxito

Fama

Familia

Generosidad

Gratitud

Humildad

Igualdad

Independencia

Integridad

Inteligencia

Interculturalidad

Justicia

Lealtad

Libertad

Limpieza

Mentalidad abierta

Optimismo

Paz (en el mundo y a mi alrededor)

Paz interior

Perdón

Persecución de metas

Perseverancia

Placer

Poder

Profesionalidad

Prudencia

Reconocimiento

Religiosidad

Respeto (de los demás hacia a mí)

Respeto (a los demás)

Respeto tradiciones y costumbres

Responsabilidad

Riqueza

Sabiduría

Salud

Salvación

Seguridad

Sinceridad

Solidaridad

Tolerancia

Valentía

Humildad

Otros…

Una vez hayas identificado los diez valores que mejor te definen, procede a definirlos uno a uno, describe qué es lo que significa cada uno de ellos para ti.

Tras definir uno a uno los valores que has escogido en base a tus creencias contesta a las siguientes preguntas:

- *¿Actúo de acuerdo a mis valores en mi día a día? ¿Cuáles se reflejan en mi día a día y cuáles no?*
- *¿Qué me impide que algunos de los valores con los que me identifico no se reflejen en mi comportamiento diario?*
- *¿Estaría más satisfecho o satisfecha si actuase plenamente siguiendo dichos valores?*
- *¿Qué puedo hacer para que mi conducta y mis valores no se contradigan?*

Elabora una serie de recomendaciones para incluir en tu día a día y que contribuyan a que tus valores se reflejen en tu modo de actuar.

Allá vamos. Es tu turno.

Pequeñas cosas divertidas

Todos tenemos anécdotas graciosas que cuando recordamos nos invitan a soltar una enorme carcajada. ¿Quién no se ha reído solo por la calle al rememorar en su mente una historia divertida? Nuestra vida está repleta de momentos cómicos y la mayoría de las veces no somos conscientes de ellos, porque estamos tan automatizados que no prestamos atención a lo cómica que puede llegar a resultar nuestra vida y las situaciones diarias con las que nos topamos.

Para darle una chispa de entretenimiento y diversión al trabajo de escritura terapéutica, propongo que elabores una lista de hábitos que tengas y que realices casi de manera inconsciente, pero que resultan muy divertidos. Quizás al principio te cueste, pero cuando comiences a reflexionar sobre ello, seguro que consigues relatar un sinfín de situaciones tronchantes que guían tu rutina.

Os ayudaré dando algunos ejemplos de mis propios hábitos cómicos:

- *Pulsar la luz al entrar al portal más de una vez. ¿De verdad creo que durará más encendida si la pulso varias veces?*
- *Pasear de un lado a otro mientras hablo por teléfono.*
- *Probar la sopa para comprobar si se ha enfriado a pesar de que esté humeando, y claro, quemarme.*

Vamos, es hora de divertirte con tus hábitos.

Mis necesidades

Para conocernos a nosotros mismos resulta necesario ahondar en las necesidades que subyacen a toda vida humana, conociendo qué es lo que nos lleva a actuar de determinada manera, y sabiendo qué es lo que conforma nuestras motivaciones. Para ello considero de interés centrarnos en la *teoría motivacional de Maslow,* quien estableció una jerarquía basada en las necesidades del ser humano. Dicho autor, referente de la actual Psicología Humanista, ya en 1943 elaboró la conocida pirámide de las necesidades de Maslow. Trataré de explicarla de manera breve y concisa.

El autor establece varios tipos de necesidades de acuerdo al siguiente orden:

- *Necesidades fisiológicas*: son las más importantes y resultan fundamentales para la supervivencia. Están relacionadas con el mantenimiento del equilibrio u homeostasis del cuerpo y se refieren al comer, beber…
- *Necesidades de seguridad y de protección*: tienen que ver con el encontrarse a salvo, y fuera de peligro.
- *Necesidad de amor*: están relacionadas no solo con el amor de pareja, sino con la amistad, la familia…
- *Necesidad de reconocimiento y de estima*: se refiere a la valoración positiva que los demás realizan de nosotros, orientado a metas y a logros.
- *Necesidad de autorrealización*: satisfacer nuestra motivación innata de crecimiento, de aportar algo importante a esta sociedad y a este mundo, de ser lo que potencialmente estamos preparados para ser.

La teoría de la motivación en principio establece que necesitamos que estas necesidades se satisfagan en orden, comenzando por las necesidades fisiológicas y terminando en la autorrealización. De este modo, si una persona no tiene cubiertas sus necesidades fisiológicas, como la comida, y sus necesidades de seguridad, como una vivienda, no tendrá la necesidad de tener amigos con los que conversar. Solo cuando se satisfagan las dos primeras necesidades, se centrará en esta última. Y así ocurre con todos los escalones. No obstante, Maslow ya era consciente por aquel entonces, de que las personas, por lo general satisfacían parcialmente cada una de las necesidades y que además, para alguien podía ser más importante una necesidad que otra y no obligatoriamente seguir el orden de importancia que él había establecido, si bien es la lógica que se sigue en la mayoría y en condiciones óptimas.

Bien, tras esta introducción a la *teoría motivacional de Maslow*, vamos a realizar un ejercicio, que como supondrás tiene que ver con la satisfacción de las necesidades humanas en nuestra vida.

En primer lugar, dado que cada persona es un mundo, propongo que cada uno defina cada una de las categorías de necesidades: fisiológicas, de seguridad, de amor, de reconocimiento y estima, y de autorrealización. En dichas definiciones tendrás que incluir ejemplos, para que posteriormente te sea más sencillo identificar dichas necesidades en tu vida.

Ejemplo

Necesidades fisiológicas. Para mí, las necesidades fisiológicas se refieren a todas aquellas que están relacionadas con la supervivencia, y con la salud. Yo incluyo las siguientes: alimentación sana, ejercicio, descanso nocturno y siesta después de comer. Sexo. Tránsito intestinal adecuado…

Es tu turno

Tras la clarificación de necesidades, has de establecer el orden de prioridad que tienen para ti. Puede coincidir con la jerarquía establecida por Maslow, o no. Aun así, antes de comenzar, quisiera que reflexionases sobre ello, ya que en el caso de haber tenido siempre satisfechas algunas necesidades concretas, por ejemplo, las fisiológicas, puede que no las valores como se merecen.

En tercer lugar, me gustaría que asignases el porcentaje de satisfacción que tienes en cada una de las necesidades designadas por Maslow en tu vida.

Y para finalizar, en relación a los porcentajes establecidos anteriormente, te planteo las siguientes cuestiones:

- *¿Qué necesidad se encuentra menos cubierta en relación a las demás?*
- *¿Qué aspectos concretos están menos satisfechos?*
- *¿Qué es lo que más deseas respecto a tal necesidad?*
- *¿Qué tres medidas podrías implantar en tu vida para aumentar el nivel de satisfacción en la categoría que has escogido?*

¡Es hora de tomar las riendas de tu vida!

Lo que yo quiero

A menudo no nos paramos a reflexionar sobre lo que verdaderamente tiene importancia en nuestra vida. Apenas disponemos del tiempo justo para descansar por la noche, y aun así, nos acostamos pensando en todo lo que tenemos que hacer al día siguiente. Es el momento de que hagamos una reflexión sobre lo que necesitamos, queremos y lo que estamos dispuestos a hacer por ello.

Te invito a que elabores una respuesta extensa a cada una de las preguntas que se formulan a continuación:

- *¿Qué cambios necesitas para mejorar tu calidad de vida?* (Recomiendo enumerar estos cambios en una lista, pues ayuda a concretar y a clarificar)
- *¿Qué estás dispuesto o dispuesta a hacer para realizar cada uno de estos cambios?* (Concreta cada uno de los pasos o sacrificios que estás dispuesto o dispuesta a hacer para cada uno de los cambios que mencionaste en la primera parte del ejercicio).
- *¿Recuerdas alguna vez en la que tú mismo/a hayas saboteado tus propios objetivos? Describe la situación con todos los detalles posibles.*
- *¿Cómo crees que podrías sabotear los cambios que quieres lograr de aquí en adelante? Enumera una lista con todo lo que podrías hacer para sabotearte a ti mismo.*

Ahora que eres consciente de lo que quieres y sabes que tienes la capacidad para lograrlo, podrás estar atento/a para no sabotearte en tus metas. ¡Ánimo!

¿Cuánta felicidad me aportas?

Vivimos en un mundo en el que lo que prima es lo material, o al menos así nos lo han enseñado. Ya en la etapa escolar podemos observar esa rivalidad y esa competitividad por el *quién lleva ropa de marca, quién tiene la mochila más moderna*, pasando por la adolescencia *quién dispone del móvil último modelo del mercado*, y trasladándonos a las grandes empresas, donde los altos cargos viven en una continua lucha para ver *quién conduce el coche más lujoso.*

Numerosas investigaciones muestran que no es más feliz aquel que más bienes materiales posee, sino el que menos necesita, como expresa el dicho, o el que se centra en cultivar o adquirir relaciones interpersonales, conocimientos, experiencias… etc.

A través de este ejercicio pretendo que cada uno y cada una de nosotras seamos conscientes de todos los bienes materiales que poseemos, y al mismo tiempo darnos cuenta de cuán felices nos hacen cada uno de ellos.

Se trata de un ejercicio largo. Yo recomiendo que antes de hacerlo se disponga al menos de dos horas de tiempo para llevarlo a cabo sin prisas y de este modo, realizarlo adecuadamente.

Lo primero será enumerar una lista de todo aquello que posees. Para que puedas hacerte una idea aproximada, incluirás absolutamente todo, desde los bolígrafos, hasta el coche. Cuando ya tengas toda la lista completa, se procede a la segunda parte del ejercicio. En esta ocasión, tratarás de averiguar cuánta felicidad te aporta cada objeto. Para ello utilizarás una escala del 1 al 5, donde el 1 significa *nada de felicidad* y el 5 *mucha felicidad.*

A continuación, un ejemplo

1 = nada de felicidad 2 = poca felicidad 3 = indiferente
4 = algo de felicidad 5 = mucha felicidad

Bienes materiales	Felicidad que me aporta
Cafetera	5
Móvil	2
Carpeta	3
Zapatos de tacón	1
Mantas de invierno	5
Bicicleta	4
Novelas	5
Cojines	4
Lavadora	2
Bisutería (pendientes, collares...)	1

A título personal realizaría una recomendación tras revisar nuestra lista de objetos y la felicidad que nos aportan los mismos: bien, deshacernos de aquellos objetos a los que hemos asignado el número 1 (nada de felicidad), o bien, no volver a invertir tiempo y dinero en comprar de nuevo objetos semejantes, pues como vemos, no nos aportan absolutamente nada. Pero como digo, esto es totalmente opcional.

El fin del mundo se aproxima

Pasamos la mayor parte de nuestra vida de aquí para allá, pensando en esto, en lo otro, en lo que no me ha dado tiempo a hacer, en nuestra agenda, plagada de horarios, obligaciones y compromisos, olvidándonos la mayoría de las veces de "vivir". Por eso he querido incluir este ejercicio, que nos incita a pensar en lo verdaderamente importante, en aquello que nos hace felices y que siempre dejamos a un lado en beneficio de los quehaceres cotidianos.

Imagina que el fin del mundo se aproxima, ya es inminente. Los científicos de la NASA así lo han declarado. No hay nada que hacer. El planeta Tierra se extinguirá y nosotros con él.

Pero el Universo nos brinda una oportunidad, la oportunidad de disponer de una semana entera para nosotros, ya no hay trabajo, ya no hay prisa y tampoco miedo, es inútil.

Elabora un calendario muy detallado de lo que harías durante esa semana, de lunes a domingo.

¡Adelante!

Un día perfecto

¿Te has parado alguna vez a pensar en qué consiste un día perfecto para ti? Seguro que muchas veces has fantaseado con estar en otro lugar, unas placenteras vacaciones por ejemplo. No está nada mal. Todos esos días que se encuentran fuera de la rutina semanal son estupendos ¿no es así? Tenemos obligaciones que cumplir y por ello disfrutamos cuando se nos presenta un día de bienestar, relax, o un día repleto de emociones y aventuras. Pero este ejercicio no consiste en eso. Consiste en centrarnos en nuestro día a día, en ser realistas, en ser felices no solo durante las vacaciones, no solo en determinados eventos o situaciones específicas, no, se trata de ser felices siempre, ¡todos los días! Y eso está en nuestras propias manos.

Para comenzar describe en qué consiste un día perfecto para ti dentro de tu rutina semanal. Incluye todos los detalles: desde el desayuno perfecto hasta las actividades que te gustaría realizar durante el tiempo libre del que dispongas realmente, pasando por el trabajo y tus obligaciones diarias. Se trata de que todas las situaciones pueden ser perfectas, independientemente de donde nos encontremos. Es recomendable que también aparezcan las personas más significativas para ti, aquellas con las que te encanta estar. ¿Cómo sería tu día perfecto?

Si ya has terminado de relatar tu día perfecto contesta a las siguientes preguntas:

- *En base a la descripción de tu día perfecto ¿consideras que la mayoría de tus días son perfectos? Si tu respuesta es afirmativa ¡enhorabuena! Si por el contrario es negativa te invito a que continúes con la siguiente pregunta.*
- *¿Qué cambios podrías realizar ,aquellos que están en tu mano, para que tus días se parezcan más a tu día perfecto?*

Me mimo

Estoy segura de que una buena parte de los pensamientos de la mayoría de las personas están destinados al placer de los demás: preparar la cena a tu pareja, tener los informes listos para el jefe a primera hora, llamar por teléfono a esa amiga que tanto te necesita en estos momentos, poner la bombilla de la escalera... Podría proponer ejemplos durante horas, pero no es lo que pretendo. Lo que quiero en primera instancia es que reflexiones por un momento en la cantidad de tiempo que tu mente invierte en agradarte a ti mismo/a. La respuesta la tengo clara: casi nada. Porque el poco tiempo que nuestro cerebro se centra en nosotros mismos no es para otra cosa sino para criticarnos: *este vestido te queda fatal, cómo has podido decir eso delante de fulano, eres tonta, todo lo haces mal...* Sí, estos son los típicos pensamientos que circulan en tu cabeza cuando piensas en ti mismo/a. Solamente si algún día llegas a explotar, existirá una mínima posibilidad de que tu mente reconozca todo lo que haces por los demás y lo poco que haces por ti.

Este ejercicio tiene dos propósitos, uno, el que dirijas tus pensamientos durante unos minutos en complacerte a ti mismo/a, y dos, que esto se concrete en mimarte cada día un poquito de forma tangible.

Para ello te propongo que elabores una lista con todos aquellos regalos o placeres que te puedes hacer. Para entender la palabra "regalo" más allá de las connotaciones materiales que normalmente atribuimos, comparto contigo la definición que hace la Real Academia Española de la misma:

1.m Dádiva que se hace voluntariamente o por costumbre.

2.m Gusto o complacencia que se recibe.

3.m Comida o bebida delicada y exquisita.

4.m Conveniencia, comodidad o descanso que se procura en orden a la persona.

Las formas de mimarte pueden ser tan variadas como experiencias placenteras existen en el mundo. Los regalos pueden ir desde comer un pastel, hasta escuchar tu canción favorita a todo volumen, pasando por ir al cine, comprarte un perfume o realizar cualquier actividad de tu agrado.

Te sugiero que la lista disponga al menos de veinte regalos diferentes. Y para finalizar, complácete con uno de ellos cada día, pues si imaginarlo es placentero, imagina cómo es sentirlo.

Es tu momento. Vamos.

Integrar mi yo

Para una vida plena y satisfactoria es necesario que todos los aspectos que conforman nuestro yo estén integrados y en congruencia. Para ello lo primero que hay que hacer es conocerlos, saber cómo están, ser consciente de cómo me relaciono yo con ellos y prestarles atención a todos de una manera equilibrada. Los aspectos a los que me refiero los diferenciamos en cinco niveles:

- *Nivel físico.* Se refiere a todo lo relacionado con el organismo, el cuerpo, la salud física, y también la imagen.
- *Nivel intelectual.* A modo general tiene que ver con todo lo que conlleve aprendizaje, conocimientos, razonamiento, cultura.
- *Nivel emocional.* Se trata del aspecto más complejo para la mayoría. Abarca los sentimientos, estados de ánimo, la estabilidad y salud mental.
- *Nivel social.* Tiene que ver con las relaciones interpersonales y con el modo de relacionarse con el mundo.
- *Nivel espiritual.* Incluye todo aquello que da sentido a la vida. No tiene por qué estar asociado únicamente a la religión, sino que puede atender a otros motivos, como por ejemplo, los valores que guían la manera de vivir.

Al leer los diferentes niveles del yo, seguro que habrás comenzado a realizar asociaciones de manera involuntaria con aspectos de tu yo. Bien, es lo que pretendo trabajar mediante este ejercicio pero de forma detallada. Por primera vez vas a tratar cara a cara con los diferentes niveles que integran tu yo, escuchándoles, hablándoles, agradeciéndoles, e incluso exigiéndoles.

Tratarás de conectar con cada dimensión por separado y escribirás una carta dirigida a cada nivel: físico, intelectual, emocional, social y espiritual.

Comencemos...

¿Qué es para ti la felicidad?

Cuando pensamos en la felicidad como tal, nos imaginamos a nosotros radiantes, contentos, completos, satisfechos.

Según la RAE el término felicidad posee los siguientes significados:

1.f Estado del ánimo que se complace en la posesión de un bien.

2.f Satisfacción, gusto, contento.

3.f Suerte, feliz.

¿Te sientes identificado o identificada con estas definiciones? A mí, personalmente se me quedan algo escasas. Por ello, propongo que escribas una definición propia de felicidad e incluyas todos los detalles posibles dentro de lo que permite una definición, claro.

Este ejercicio te ayudará a clarificar qué significa para ti un concepto tan complejo como este. Porque no debemos dejar que nadie nos diga qué es la felicidad. Como digo siempre, cada persona es un mundo y la felicidad está llena de matices, que para unos serán más importantes, y para otros menos.

Adelante, es el momento de que tengas tu propia definición de felicidad y puedas defenderla cuando quieras.

BIBLIOGRAFÍA

ADORNA, Reyes (2013). *Practicando la escritura terapéutica, 79 ejercicios.* Bilbao: Descleé De Brouwer.

BURGESS, Anthony (1962). *La naranja mecánica.* Barcelona: Ediciones Minotauro.

CAPACCHIONE, Lucia (1998). *El diario creativo. Un método revolucionario para desarrollar la creatividad.* Madrid: Gaia Ediciones.

CONRAD, Sheree; MILBURN, Michael (2002). *Inteligencia sexual.* Barcelona: Planeta.

DAVANLOO, Habib (1992). *Psicoterapia breve.* Madrid: Dor Sl Ediciones.

FEARN, Lief (1988). Adaptación corregida de un texto titulado *El lobo calumniado* aparecida en el *Educatio Project* de la Sección Británica de A.I. Publicado en el Boletín Informativo "Educación en Derechos Humanos", nº 8, septiembre 1988.

FERNÁNDEZ-ABASCAL, Enrique G.; GARCÍA RODRÍGUEZ, Beatriz; JIMÉNEZ SÁNCHEZ, Mª Pilar; MARTÍN DÍAZ, Mª Dolores; DOMÍNGUEZ SÁNCHEZ, Francisco Javier (2010). *Psicología de la emoción.* Madrid: Editorial Universitaria Ramón Areces.

KOHAN, Silvia A. (2002) *La escritura como búsqueda. Una guía para transformar los conflictos internos en material literario.* Barcelona: Alba Editorial.

KOHAN, Silvia A. (2013). *La escritura terapéutica: claves para escribir la vida y la creación literaria.* Barcelona: Alba.

MASLOW, A.H. "A Theory of Human Motivation". (1943). Original publicado en *Psychological Review, 50,* 370-396. (1943). Recuperado el 22 de noviembre de 2015 en http://psychclassics.yorku.ca/Maslow/motivation.htm

NARDONE, Giorgio (2003). *Más allá del miedo. Superar rápidamente las fobias, las obsesiones y el pánico.* Barcelona: Paidós Ibérica.

SELIGMAN, Martin (2002). *Auténtica felicidad: Usando la nueva psicología positiva para concretar su potencial para el duradero cumplimiento.* New York: Free Press.

Practicando la escritura terapéutica

79 ejercicios

2ª edición

Reyes Adorna Castro

ISBN: 978-84-330-2676-7

Escribir posee una capacidad terapéutica que han intuido desde siempre los escritores de todos los tiempos. Su parte racional, ligada al lenguaje, y su parte artística, creativa y emocional, le confieren la propiedad única de aunar estas dos facetas del ser humano: la facultad de pensar y la de expresar emociones. Gracias a la escritura, la persona es capaz de estructurar su pensamiento, desahogar estas emociones cuando le desbordan, tomar distancia sobre lo que le ocurre, descubrir sus recursos personales, y reflexionar sobre sus deseos, sus relaciones o sus conductas.

Este libro es fundamentalmente práctico. Se compone de 79 ejercicios que utilizan la escritura no solo como un medio para desarrollar la creatividad, sino como un método para conocerse, aumentar la autoestima, resolver determinados problemas y mejorar la calidad de nuestras relaciones. Se encuentra organizado en cuatro bloques, definidos por su función terapéutica, y está dirigido tanto a personas que individualmente quieran beneficiarse de esta terapia, poniendo en práctica los ejercicios que se proponen, como a psicólogos, pedagogos o docentes que deseen ampliar sus recursos en sus sesiones o clases.

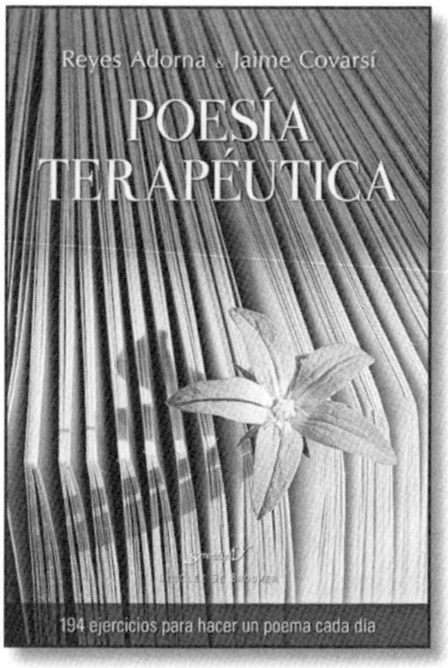

Poesía terapéutica

194 ejercicios para hacer un poema cada día

Reyes Adorna
Jaime Covarsí

ISBN: 978-84-330-2824-2

De todas las artes de la palabra, la Poesía es la más terapéutica de todas. Ella es la que mejor penetra en el interior de nosotros mismos, la que mejor desentraña y libera emociones, la que con mayor facilidad puede ayudarnos a entendernos y conocernos en nuestra totalidad.

Además de esto, la Poesía también puede educarnos la mirada para que observemos el mundo con los ojos del asombro, despertándonos del automatismo que la rutina nos impone. Con esa mirada atenta, los seres vivos, los objetos o los acontecimientos, se llenan del esplendor y la belleza de lo extraordinario.

Este libro demuestra que todos llevamos en nuestro interior un poeta. Para descubrirlo, nos enseña un método con el que adquirir el hábito de familiarizarnos con él, convertirlo en un refugio, en un amigo que nos acompañe en nuestro viaje vital y que nos regale una visión más profunda e intensa del camino. Está dirigido a quien desee iniciarse en esta terapia, a terapeutas o docentes que quieran aumentar sus recursos y estrategias, y también puede servir de inspiración a quien escriba poesía de forma habitual.

El método consiste en hacer un poema cada día. Para facilitarnos esta labor, el libro consta de 194 ejercicios o propuestas que nos inspiran a escribir y nos ayudan a educar la mirada poética. Si nos acostumbramos a hacerlo, veremos, como dice Benedetti, que "debajo de cada piedra, de cada baldosa, se esconde un poema".

16 ideas para vivir de manera plena

Experiencias y reflexiones de un médico de familia

Daniel Serrano Collantes

ISBN: 978-84-330-2874-7

En esta sociedad al mismo tiempo cansada y acelerada en que vivimos, estamos perdiendo la capacidad de reflexión, de contemplación. Se vive con mucha información y múltiples tareas por realizar, pero en ocasiones sin dirección, en una crisis de sentido. Vivir de manera plena es vivir nuestra vida con sentido, con pasión, con entusiasmo, pero también implica sufrimiento y emociones negativas. Lo podemos evitar, pero a un precio demasiado alto: vivir a medias, de forma gris, o pasar de puntillas. Quien se entrega al amor, a los amigos, al trabajo… quien vive plenamente, con entusiasmo, corre un riesgo mayor que quien no lo hace, pero merece la pena.

En este libro Daniel Serrano te ofrece, sirviéndose de su experiencia, con ejemplos y casos prácticos, algunas ideas y pistas para crecer o reorientar tu vida personal, para vivirla de manera más plena. Nuestros logros dependen de saber poner el foco y la atención en las cosas importantes.

La mayoría de los capítulos de este libro ha surgido de consultas con sus pacientes. Lo que vas a encontrar no es algo imaginario, sino la realidad, lo objetivo, la vida misma tal cual es. Encontrarás, entre otras, ideas sobre la pareja, los hijos, la amistad, la afectividad, las nuevas tecnologías, el contacto con la naturaleza, la medicación, la dimensión espiritual, la gestión del tiempo, la serenidad o el estrés. En definitiva, aspectos que nos afectan a todos y cada uno de nosotros.

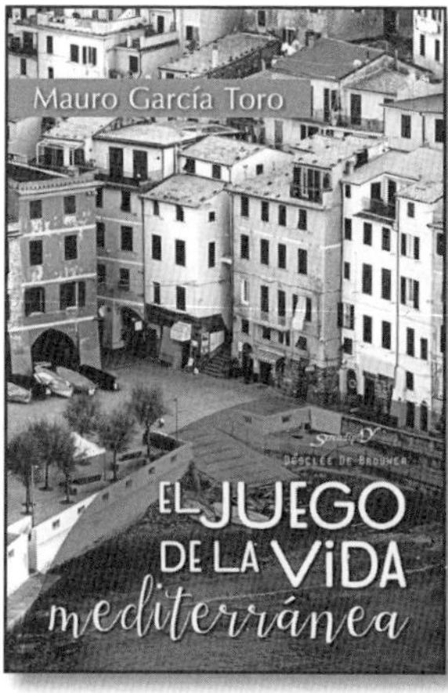

El juego de la vida mediterránea

Mauro García Toro

ISBN: 978-84-330-2873-2

En los países más desarrollados las enfermedades crónicas no transmisibles, como la diabetes, la obesidad y la depresión, aumentan sin cesar. ¿Cómo es posible?

Seguro que a todos nos viene a la cabeza el estrés como causante. Pues bien, en este libro abordamos además muchos otros factores responsables que enmarcamos dentro del concepto "estilo de vida". Y es que, efectivamente, cada vez hay evidencias más claras de que los cambios de estilo de vida que estamos adoptando en los países desarrollados están poniendo en riesgo nuestra salud física y mental. Te interesará mucho conocer, además, que todo esto es reversible y que las sugerencias que encontrarás en este libro pueden tener un impacto muy positivo en tu salud.

Queremos mostrarte también que practicar estas recomendaciones puede resultar además agradable y placentero, aunque quizás cueste un poco al principio. Este es el reto que te presentamos, informarte a la vez que sugerirte cambios beneficiosos en muchos aspectos de tu actividad diaria. Gran parte de ellos ya los practicaban nuestros padres o abuelos, pero los hemos ido perdiendo en las últimas décadas, un tanto engañados por una mal entendida "modernidad". Pero aún estamos a tiempo de cambiar el rumbo, llevar un estilo de vida saludable no es incompatible con aprovechar todas las fantásticas oportunidades que la sociedad desarrollada nos ofrece.

Este libro pretende ser para ti un guía cercano para el camino. Ánimo y suerte en tu viaje si decides emprenderlo, pronto comprobarás que merece la pena.

Serendipity

DIRECTORA: OLGA CASTANYER

ÚLTIMOS TÍTULOS PUBLICADOS

152. *Ojos que sí ven. "Soy bipolar" (Diez entrevistas).* ANA GONZÁLEZ ISASI - ANÍBAL C. MALVAR
153. *Reconcíliate con tu infancia. Cómo curar antiguas heridas.* ULRIKE DAHM (2ª ed.)
154. *Los trastornos de la alimentación. Guía práctica para cuidar de un ser querido.* JANET TREASURE - GRÁINNE SMITH - ANNA CRANE (2ª ed.)
155. *Bullying entre adultos. Agresores y víctimas.* PETER RANDALL
156. *Cómo ganarse a las personas. El arte de hacer contactos.* BERND GÖRNER
157. *Vencer a los enemigos del sueño. Guía práctica para conseguir dormir como siempre habíamos soñado.* CHARLES MORIN
158. *Ganar perdiendo. Los procesos de duelo y las experiencias de pérdida: Muerte - Divorcio - Migración.* MIGDYRAI MARTÍN REYES
159. *El arte de la terapia. Reflexiones sobre la sanación para terapeutas principiantes y veteranos.* PETER BOURQUIN (2ª ed.)
160. *El viaje al ahora. Una guía sencilla para llevar la atención plena a nuestro día a día.* JORGE BARRACA MAIRAL
161. *Cómo envejecer con dignidad y aprovechamiento.* IGNACIO BERCIANO
162. *Cuando un ser querido es bipolar. Ayuda y apoyo para usted y su pareja.* CYNTHIA G. LAST
163. *Todo lo que sucede importa. Cómo orientar en el laberinto de los sentimientos.* FERNANDO ALBERCA DE CASTRO (2ª ed.)
164. *De cuentos y aliados. El cuento terapéutico.* MARIANA FIKSLER
165. *Soluciones para una vida sexual sana. Maneras sencillas de abordar y resolver los problemas sexuales cotidianos.* DRA. JANET HALL
166. *Encontrar las mejores soluciones mediante Focusing. A la escucha de lo sentido en el cuerpo.* BERNADETTE LAMBOY
167. *Estrésese menos y viva más. Cómo la terapia de aceptación y compromiso puede ayudarle a vivir una vida productiva y equilibrada.* RICHARD BLONNA
168. *Cómo superar el tabaco, el alcohol y las drogas.* MIGUEL DEL NOGAL TOMÉ
169. *La comunicación humana: una ventana abierta.* CARLOS ALEMANY BRIZ
170. *Aprender de la ansiedad. La sabiduría de las emociones.* PEDRO MORENO (3ª ed.)
171. *Comida para las emociones. Neuroalimentación para que el cerebro se sienta bien.* S. KRSTINIĆ
172. *Cuidar al enfermo. Migajas de psicología.* LUCIANO SANDRIN
173. *Yo te manejo, tú me manejas. El poder de las relaciones cotidianas.* PABLO POBLACIÓN
174. *Crisis, crecimiento y despertar. Claves y recursos para crecer en consciencia.* ENRIQUE MARTÍNEZ LOZANO (4ª ed.)
175. *Cuaderno de trabajo para el tratamiento corpomental del trastorno de estrés postraumático (TEPT). Programa para curar en 10 semanas las secuelas del trauma.* STANLEY BLOCK, doctor en medicina y CAROLYN BRYANT BLOCK
176. *El joven homosexual. Cómo comprenderle y ayudarle.* JOSÉ IGNACIO BAILE AYENSA
177. *Sal de tu mente, entra en tu vida. La nueva Terapia de Aceptación y Compromiso.* S. HAYES
178. *Palabras caballo. Fuerza vital para el día a día.* JUAN-MIGUEL FERNÁNDEZ-BALBOA (2ª ed.)
179. *Fibromialgia, el reto se supera. Evidencias, experiencias y medios para el afrontamiento.* BRUNO MOIOLI (2ª ed.)
180. *Diseña tu vida. Atrévete a cambiar.* DIANA SÁNCHEZ GONZÁLEZ Y MAR MEJÍAS GÓMEZ (2ª ed.)
181. *Aprender psicología desde el cine.* JOSÉ ANTONIO MOLINA Y MIGUEL DEL NOGAL
182. *Un día de terapia. Radiografía de las emociones.* RAFAEL ROMERO RICO
183. *No lo dejes para mañana. Guía para superar la postergación.* PAMELA S. WIEGARTZ, PH.D. Y LEVIN L. GYOERKOE, PSY.D.
184. *Yo decido. La tecnología con alma.* JOSÉ LUIS BIMBELA PEDROLA (2ª ed.)
185. *Aplicaciones de la asertividad.* OLGA CASTANYER (3ª ed.)

86. *Manual práctico para el tratamiento de la timidez y la ansiedad social. Técnicas demostradas para la superación gradual del miedo.* M.M. ANTONY y R.P. SWINSON

87. *A las alfombras felices no les gusta volar. Un libro de (~~auto~~) ayuda... a los demás.* JAVIER VIDAL-QUADRAS

88. *Gastronomía para aprender a ser feliz. PsiCocina socioafectiva.* ANTONIO RODRÍGUEZ

89. *Guía clínica de comunicación en oncología. Estrategias para mantener una buena relación durante la trayectoria de la enfermedad.* JUAN JOSÉ VALVERDE, MAMEN GÓMEZ COLLDEFORS Y AGUSTÍN NAVARRETE MONTOYA

90. *Ponga un psiquiatra en su vida. Manual para mejorar la salud mental en tiempos de crisis.* JOSÉ CARLOS FUERTES ROCAÑÍN

91. *La magia de la PNL al descubierto.* BYRON LEWIS

92. *Tunea tus emociones.* JOSÉ MANUEL MONTERO

93. *La fuerza que tú llevas dentro. Diálogos clínicos.* ANTONIO S. GÓMEZ

94. *El origen de la infelicidad.* REYES ADORNA CASTRO

95. *El sentido de la vida es una vida con sentido. La resiliencia.* ROCÍO RIVERO LÓPEZ

96. *Focusing desde el corazón y hacia el corazón. Una guía para la transformación personal.* EDGARDO RIVEROS AEDOS

97. *Programa Somne. Terapia psicológica integral para el insomnio: guía para el terapeuta y el paciente.* ANA MARÍA GONZÁLEZ PINTO • CARLOS JAVIER EGEA • SARA BARBEITO (COORDS.)

98. *Poesía terapéutica. 194 ejercicios para hacer un poema cada día.* REYES ADORNA CASTRO Y JAIME COVARSÍ CARBONERO

99. *Abre tu consciencia.* JOSÉ ANTONIO GONZÁLEZ SUÁREZ Y DAVID GONZÁLEZ PUJANA (2ª ed.)

00. *Ya no tengo el alma en pena.* ROSSE MACPHERSON

01. *Ahora que he decidido luchar con esperanza. Guía para vencer el apetito.* JOSÉ LUIS LÓPEZ MORALES , ENRIQUE JAVIER GARCÉS DE LOS FAYOS RUIZ

02. *El juego de la vida Mediterránea.* MAURO GARCÍA TORO

03. *16 Ideas para vivir de manera plena. Experiencias y reflexiones de un médico de familia.* DANIEL FRANCISCO SERRANO COLLANTES

04. *Transformación emocional. Un viaje a través de la escritura terapéutica.* NOELIA MENDIVE MORENO

Serie MAIOR

0. *El arte de saber alimentarte. Desde la ciencia de la nutrición al arte de la alimentación.* KARMELO BIZKARRA (3ª ed.)

1. *Vivir con plena atención. De la aceptación a la presencia.* VICENTE SIMÓN (2ª ed.)

2. *Empatía terapéutica. La compasión del sanador herido.* JOSÉ CARLOS BERMEJO

3. *Más allá de la Empatía. Una Terapia de Contacto-en-la-Relación.* RICHARD G. ERSKINE - JANET P. MOURSUND - REBECCA L. TRAUTMANN (2ª ed.)

4. *El oficio que habitamos. Testimonios y reflexiones de terapeutas gestálticas.* A. MARTÍN (ED.)

5. *El amor vanidoso. Cómo fracasan las relaciones narcisistas.* BÄRBEL WARDETZKI

6. *Diccionario de técnicas mentales. Las mejores técnicas de la A a la Z.* C. BENDER - M. DRAKSAL

7. *Humanizar la asistencia sanitaria. Aproximación al concepto.* JOSÉ CARLOS BERMEJO (2ª ed.)

8. *Herramientas de coaching ejecutivo.* FRANCISCO YUSTE (2ª ed.)

9. *La vocación y formación del psicólogo clínico.* A. POLAINO-LORENTE Y G. PÉREZ ROJO (COORDS.)

0. *Detrás de la pared. Una mirada multidisciplinar acerca de los niños, niñas y adolescentes expuestos a la violencia de género.* SOFÍA CZALBOWSKI (COORD.)

1. *Hazte experto en inteligencia emocional.* OLGA CAÑIZARES; CARMEN GARCÍA DE LEANIZ; OLGA CASTANYER; IVÁN BALLESTEROS; ELENA MENDOZA (2ª ed.)

2. *Counseling y cuidados paliativos.* ESPERANZA SANTOS Y JOSÉ CARLOS BERMEJO (2ª ed.)

3. *Eneagrama para terapeutas.* CARMELA RUIZ DE LA ROSA

4. *Habilidades esenciales del counseling. Guía práctica y de aplicación.* S. MAGNUSON y K. NOREM

5. *Río, luego existo. Guía completa para curiosos, talleristas y dinamizadores de grupo. Risoterapia integrativa.* M. ROSA PARÉS Y JOSÉ MANUEL TORRES